Gestão de Igrejas:

princípios bíblicos

e administrativos

O selo DIALÓGICA da Editora InterSaberes faz referência às publicações que privilegiam uma linguagem na qual o autor dialoga com o leitor por meio de recursos textuais e visuais, o que torna o conteúdo muito mais dinâmico. São livros que criam um ambiente de interação com o leitor – seu universo cultural, social e de elaboração de conhecimentos –, possibilitando um real processo de interlocução para que a comunicação se efetive.

Acyr de Gerone Junior

Gestão de Igrejas:
princípios bíblicos
e administrativos

Rua Clara Vendramin, 58. Mossunguê
CEP 81200-170. Curitiba. PR. Brasil
Fone: (41) 2106-4170
www.intersaberes.com
editora@editoraintersaberes.com.br

Conselho editorial
Dr. Ivo José Both (presidente)
Dr.ª Elena Godoy
Dr. Nelson Luís Dias
Dr. Neri dos Santos
Dr. Ulf Gregor Baranow

Editora-chefe
Lindsay Azambuja

Supervisora editorial
Ariadne Nunes Wenger

Analista editorial
Ariel Martins

Preparação de originais
Mariana Bordignon

Capa
Charles L. da Silva (*design*)
Fotolia (imagem de fundo)

Projeto gráfico
Charles L. da Silva

Diagramação
Andreia Rasmussen

Iconografia
Célia Kikue Suzuki

Dados Internacionais de Catalogação na Publicação (CIP)
(Câmara Brasileira do Livro, SP, Brasil)

Junior, Acyr de Gerone
   Gestão de Igrejas: princípios bíblicos e administrativos/Acyr de Gerone Junior. Curitiba: InterSaberes, 2017. (Série Conhecimentos em Teologia)

   Bibliografia.
   ISBN 978-85-5972-522-3

   1. Administração eclesiástica 2. Igreja – Administração 3. Igreja – Finanças 4. Igreja – Recursos – Arrecadação I. Título II. Série.

17-08533   CDD-262

Índices para catálogo sistemático:
1. Igreja: Administração   262

1ª edição, 2017.
Foi feito o depósito legal.

Informamos que é de inteira responsabilidade do autor a emissão de conceitos.

Nenhuma parte desta publicação poderá ser reproduzida por qualquer meio ou forma sem a prévia autorização da Editora InterSaberes.

A violação dos direitos autorais é crime estabelecido na Lei n. 9.610/1998 e punido pelo art. 184 do Código Penal.

sumário

9   *apresentação*

capítulo um

13   **Gestão de igrejas**

15   1.1 Definições e conceitos introdutórios

20   1.2 Administração *versus* gestão: semelhanças e diferenças

24   1.3 A igreja: organismo e organização

29   1.4 Formas de gestão de igrejas

capítulo dois

39   **Princípios bíblicos de gestão**

41   2.1 Gestão e Bíblia: essa relação é possível?

45   2.2 A Bíblia aplicada à gestão

59   2.3 Jesus: líder e gestor

60   2.4 O manual do gestor eclesiástico

capítulo três

67 Gestão administrativa e gestão jurídica

69 3.1 Aspectos administrativos

77 3.2 Gestão jurídica das igrejas

capítulo quatro

91 Gestão de recursos

93 4.1 Recursos humanos

97 4.2 Recursos materiais e patrimoniais

103 4.3 Recursos financeiros

107 4.4 Gestão contábil

capítulo cinco

117 Planejamento estratégico e qualidade

119 5.1 Planejamento estratégico para igrejas

130 5.2 Qualidade nas igrejas

capítulo seis

147 Ministérios e departamentos eclesiásticos

149 6.1 Semelhanças e diferenças

151 6.2 Gestão de ministérios

157 6.3 Gestão de departamentos

169 *considerações finais*

171 *referências*

181 *bibliografia comentada*

185 *respostas*

187 *sobre o autor*

Se a igreja não adotar uma gestão dinâmica e eficiente, será mais difícil desenvolver um ministério competente, produtivo e relevante.

Acyr de Gerone Junior

apresentação [1]

Atualmente, falar sobre *necessidade de gestão* é quase uma redundância, afinal, não restam dúvidas de que, em todas as atividades humanas, da mais simples à mais complexa, ela é imprescindível. Nossas ações e nossas decisões nos mais diversos âmbitos – familiar, profissional, acadêmico e religioso, entre outros – exigem um cuidado específico que envolve a gestão. Ela acontece quando administramos nossos recursos (recebendo salário, pagando despesas, realizando investimentos) e também quando estabelecemos prioridades de atividades em relação ao tempo de que dispomos.

---

1   As passagens bíblicas utilizadas nesta obra são citações da Bíblia de estudo Almeida (Bíblia, 2006), na tradução Almeida Revista e Atualizada (ARA), exceto quando for indicada outra referência e nas passagens utilizadas pelos autores citados. Para as referências destas últimas, favor consultar as obras originais de cada autor, constantes na seção "Referências".

Acontece, ainda, quando enfrentamos dificuldades, lidamos com conflitos ou buscamos soluções para os mais diversos problemas pelos quais passamos.

Essa realidade não muda em relação às igrejas; elas também precisam ser geridas, mesmo que sejam organizações cuja missão primordial é plenamente espiritual. Elas precisam de uma gestão adequada porque, como instituições, estão inseridas em um contexto social que demanda ações que as façam continuar sendo relevantes no mundo em que vivemos. O que constatamos em muitos casos, entretanto, é que a maioria das igrejas não consegue realizar uma adequada administração, comprometendo, dessa forma, sua missão.

Josué Campanhã (2013, p. 10), consultor na área de planejamento estratégico para igrejas e especialista em desenvolvimento de liderança, constatou que "70% dos pastores e líderes não têm como ponto mais forte administração e planejamento". Por isso, não restam dúvidas de que precisamos de pessoas preparadas para realizar tal tarefa, afinal, a Bíblia diz que os líderes devem governar bem a sua casa e a casa de Deus (Timóteo, 3: 5).

É justamente sob essa perspectiva que esta obra foi elaborada. Nosso propósito é abordar conceitos de gestão e princípios bíblicos que, em harmonia, podem contribuir com a administração das igrejas – que se faz tão necessária. Para tanto, discutiremos alguns dos mais importantes aspectos técnicos que a administração secular nos ensina, sem deixar de nos atermos aos preceitos bíblicos que discorrem sobre o assunto; afinal, as Escrituras Sagradas constituem nossa norma de fé e prática.

Assim, no Capítulo 1, faremos uma introdução ao tema, apresentando e definindo termos e conceitos usuais nas áreas de gestão, igrejas e teologia.

No Capítulo 2, analisaremos os princípios bíblicos de administração e se há alguma relação entre eles, mencionando gestores e modelos de gerenciamento citados em passagens do Antigo e do Novo Testamento.

Aprofundaremos a discussão no Capítulo 3, no qual buscaremos evidenciar os conceitos de gestão aplicados às igrejas e como isso envolve organização, liderança, controle e direção eclesiástica. Para isso, partiremos de questões práticas sobre o aspecto jurídico-legal dessas instituições, apresentando algumas sugestões e apontamentos sobre esses conceitos.

No Capítulo 4, descreveremos o gerenciamento de recursos nas instituições religiosas, sobretudo como deve ser realizada a gestão de pessoas sob a ótica da valorização humana daqueles que exercem qualquer tipo de atividade eclesiástica. Também contemplaremos a administração de recursos materiais, patrimoniais e financeiros, além das informações contábeis.

Dessa maneira, estaremos prontos para, no Capítulo 5, analisarmos as etapas do planejamento estratégico e como ocorre o início da gestão das atividades planejadas nas igrejas. Discorreremos sobre os princípios dessas instituições, que envolvem missão, visão, valores, objetivos e planos de ação para que elas alcancem os seus propósitos. Nesse sentido, veremos a necessidade de tanto o planejamento quanto a execução das atividades serem pautados pela qualidade exigida pela palavra de Deus.

Por fim, no Capítulo 6, destacaremos uma área relevante para a realidade das comunidades cristãs atuais que deve estar inserida no escopo de uma gestão eclesiástica adequada: a direção dos ministérios e dos departamentos dessas instituições.

Salientamos que a maioria dos princípios por nós delineados podem ser utilizados em qualquer instituição cristã, tendo em vista que são tentativas de diálogo transdisciplinar entre os conceitos de administração do mundo corporativo, em detrimento do *modus operandi* dos líderes cristãos diante dos desafios de direção de suas igrejas.

Esperamos, sinceramente, que os conteúdos aqui abordados possam contribuir para a liderança de todos aqueles que se dispuseram a servir às igrejas de Cristo de forma íntegra, significativa e relevante.

capítulo um

Gestão de igrejas

Neste capítulo, apresentamos os princípios da gestão e da administração de igrejas. Com a compreensão desses conceitos, o cristão pode refletir sobre como aplicá-los a fim de dirigir de forma adequada a instituição religiosa na qual tem o privilégio de trabalhar – observando sempre a obra do Senhor – seja como líder (pastor ou dirigente), seja como profissional da área administrativa (secretário, tesoureiro ou outras funções), seja como coordenador de um departamento específico. Da macro à microvisão, da maior à menor responsabilidade, todos os cristãos têm o desafio de gerir suas igrejas de forma eficaz e eficiente.

1.1 Definições e conceitos introdutórios

Não há dúvida de que o conhecimento relacionado à **gestão de igrejas** é importante para todo líder, seja ele pastor, seja administrador, seja responsável por determinada área eclesiástica. Por vezes, constatamos que falta conhecimento sobre como realizar tal atividade. Mais do que saber como fazer, é necessário conhecer os termos ligados à administração e como eles se aplicam diante da missão que uma instituição religiosa realiza e dos problemas e desafios que atualmente enfrenta.

A pergunta que emerge é: **Que relação pode haver entre teologia e gestão?** De forma objetiva, pressupomos que o estudo teológico está voltado para a busca do conhecimento que se encontra no campo da fé, com base em análises das doutrinas cristãs contidas nas Escrituras Sagradas. Esse estudo envolve também a forma como o ser humano se relaciona com o Senhor e como ele próprio se relaciona com a humanidade. Por meio da teologia, podemos conhecer mais a Deus, analisando o que ele mesmo decidiu nos revelar. Diante de sua abrangência, é na teologia que também estudamos temas correlatos a Deus e a seu povo, isto é, a igreja cristã.

É justamente nessa perspectiva que a gestão eclesiástica se torna necessária. Bíblica e teologicamente, temos por certo que a igreja cristã é do Senhor Jesus Cristo. Por isso, cabe aos cristãos atentarem-se com zelo e com diligência às necessidades dessas instituições e, nesse caso, geri-las é uma boa forma de serem fiéis a Deus. Por outro lado, numa perspectiva mais epistemológica, sabemos da necessidade da transdisciplinaridade, isto é, a conexão entre todas as áreas do conhecimento, para analisarmos esse assunto. A teologia não está isolada de todas as outras áreas. Estudá-la,

Gestão de igrejas

portanto, tem tudo a ver com o conhecimento necessário à gestão eclesiástica.

Por mais que o líder cristão (pastor, sacerdote) seja vocacionado, com bom conhecimento dos dogmas doutrinários, boa pregação etc., não há como ser eficiente e relevante na contemporaneidade sem perpassar pelo conhecimento tão necessário a uma boa gestão. O bom pastor, invariavelmente, precisa ser também um bom gestor. Afinal, uma direção ineficiente pode comprometer sua liderança e enfraquecer seu pastoreio. Além dessas consequências, ele poderá ser penalizado pela lei por erros, intencionais ou não, que envolvam questões nas esferas legais e gerenciais.

Dessa forma, evidencia-se uma relação intrínseca entre a teologia e a gestão eclesiástica, e conhecer os pressupostos envolvidos é fundamental para todo teólogo ou pastor que pretenda exercer alguma atividade envolvendo liderança e gerenciamento em sua igreja. Segundo Idalberto Chiavenato (2003, p. 2), "a administração é imprescindível para existência, sobrevivência e sucesso das organizações. Sem ela, as organizações jamais teriam condições de existir e de crescer".

O assunto, em essência, não é novo. A **gestão** (ou *administração*) faz parte do cotidiano. *Gerir* (ou *administrar*), em linhas gerais, é fazer com que as coisas funcionem (Stoner; Freeman, 1999). A gestão tira as pessoas e as atividades da inércia e da procrastinação e faz com que elas funcionem de forma adequada. Cabe ao gestor, portanto, exercer uma boa liderança à luz dos princípios estabelecidos, para que os propósitos da organização – nesse caso a igreja – sejam alcançados, cumprindo, assim, a finalidade de sua existência.

Pastores e estudantes de teologia, mormente, estudam como gerir uma igreja por meio de uma disciplina comum a boa parte dos currículos das escolas, dos seminários e das faculdades de Teologia. Trata-se da disciplina normalmente denominada *Administração*

Eclesiástica. Nesse sentido, **administração** ou **gestão eclesiástica** ou **eclesial** consiste no "estudo dos diversos assuntos ligados ao trabalho do pastor no que tange à sua função de líder ou administrador principal da igreja a que serve" (Kessler; Câmara, 1987, p. 13). Assim, a gestão eclesiástica contribui para a "condução das estruturas institucional, orgânica e comunitária da Igreja, mediante princípios, normas, funções e procedimentos, com o objetivo de cumprir seus propósitos biblicamente orientados" (Oliveira, 2004, citado por Gaby; Gaby, 2013, p. 21). Dessa forma, a gestão eclesial é importante porque perpassa várias áreas que envolvem desde o pastoreio até a liderança, visto que, nessas funções, o pastor deverá exercer, também, o papel de gestor.

Realizar uma boa administração em uma igreja é um desafio tão sério quanto realizá-la em uma empresa ou em outro tipo de organização, pois contempla uma diversidade de fatores que, caso não sejam administrados de forma correta, sem dúvida, prejudicarão a instituição na realização de sua missão. Além disso, uma direção displicente está em desobediência aos ensinamentos bíblicos sobre a necessidade de uma apropriada **mordomia cristã**, ou seja, é dever dos cristãos cuidar com diligência e com zelo de todas as coisas a eles confiadas por Deus, inclusive as igrejas.

Entretanto, cabe uma ressalva: ainda que seja aceitável adotar determinados princípios de gestão e de administração secular, as igrejas devem ser dirigidas também por outros princípios.

Em virtude de sua natureza, a Igreja não se confunde com nenhuma sociedade ou grupos éticos. A sua corporalidade, organicidade, fraternidade e unicidade nascem, estruturam-se e se perpetuam em Cristo Jesus, o criador da comunhão dos santos. A missão da igreja é ser serva de Jesus Cristo pelo culto permanente à Trindade; pelo amor interno, que confraterniza seus membros; pela fidelidade às Escrituras; pela igualdade de seus componentes; pela missão evangelizadora entre todos os povos, pelo incansável testemunho cristão. (Reis, citado por Gaby; Gaby, 2013, p. 22)

De fato, a igreja é uma **instituição divina e humana**. Entretanto, como **corpo de Cristo**, ela tem uma missão, uma essência e uma natureza que a estabelece como organização totalmente espiritual, que foi chamada por Deus para ser agência transformadora no mundo. Por esse fato, ela não pode perder sua identidade firmando-se em aspectos puramente corporativos. Sua administração deve ser sua aliada, deve servir a ela, pois ela não é serva nem refém dos princípios, dos métodos e das ferramentas de gestão. Essas ferramentas devem contribuir para a realização da missão da igreja, mas não se tornar a engrenagem principal pela qual a igreja é movida; afinal, o objetivo primordial dessa instituição está bem distante de qualquer outra corporação humana: anunciar o Evangelho, a boa notícia de que há salvação para a humanidade por meio de Jesus Cristo.

Baseando-se nessa convicção, a igreja precisa realizar sua missão com eficácia para não correr o risco de ser ineficiente e tornar-se desnecessária para a sociedade. A igreja é sinal histórico, real e presente do Reino de Deus e, assim, é agente de Deus em seu propósito neste mundo. Nesse sentido, a finalidade principal do estudo sobre a gestão de igrejas é oportunizar aos líderes cristãos a possibilidade de, por meio dos conhecimentos obtidos, das ferramentas apreendidas e dos conceitos implantados, realizarem um gerenciamento que glorifique a Deus e que seja eficaz em seus objetivos missionais.

Entre tantas possibilidades – e guardadas as características de cada igreja local ou denominação *cristã* –, apresentamos, como sugestão, um esquema com grandes áreas que envolvem a direção de uma igreja por meio de seu pastor ou de seu líder.

Figura 1.1 – Áreas estratégicas na gestão de igrejas

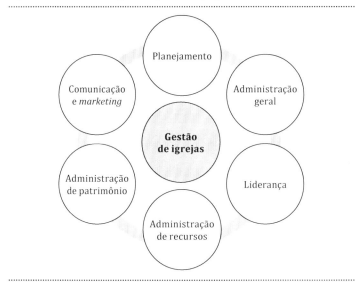

Portanto, ao unir áreas distintas do funcionamento das igrejas – e por tratar de aspectos divinos e humanos –, a gestão eclesial pressupõe que, mesmo em um ambiente "amador" – isto é, composto por voluntários atuando em um ambiente espiritual, como acontece na maioria dos casos –, as igrejas não devem estar fadadas ao fracasso, porque seu objetivo primordial é o trabalho em prol do Evangelho e do Reino de Deus.

1.2 Administração *versus* gestão: semelhanças e diferenças

Para a continuidade de nosso estudo, devemos ressaltar que o termo *gestão* alcançou maior relevância nas últimas décadas. Entretanto, ele se entrelaça e se confunde com o conceito de *administração*. Nesse sentido, Emerson de Paulo Dias (2002, p. 2), de forma significativa, afirma:

> O uso da palavra Gestão vem se intensificando no Brasil nos últimos anos de forma conspícua. O volume de obras publicadas com esta expressão vem tomando conta das prateleiras de negócios em todas as livrarias. Os cursos de Gestão, quer sejam puramente de gestão ou com qualquer delimitador que tragam (ambiental, da produção etc.), envolvem as faculdades de administração por todo o país.

> Neste contexto o termo Administração perdeu seu status, e cedeu parte de seu lugar para a Gestão. Porém, quando se questiona as pessoas sobre o que é um termo e o outro, surgem as dificuldades da delimitação de ambos. O que se vê é uma falta de concordância entre os marcos limítrofes deste questionamento. No dia a dia, o intercâmbio destas palavras é feito usualmente de forma indiscriminada.

De fato, como você deve ter percebido, algumas vezes falamos de *gestão*, em outras, discorremos sobre *administração* e, como relata Dias (2002), na maioria das situações tratamos os termos como sinônimos. Dessa forma, como estamos falando de duas palavras com sentidos supostamente similares, cabem as seguintes perguntas: Há alguma diferença entre *gestão* e *administração* ou ambos os termos são a mesma coisa? Se há alguma diferença, ela é significativa?

De forma simples e objetiva, o *Dicionário aberto* (Figueiredo, 2010) da língua portuguesa define os dois termos da seguinte forma:

- **Administração** – "Gerência de negócios. Ação de administrar".
- **Gestão** – "Acto de gerir. Gerência. Administração".

Como podemos perceber, a similaridade entre os significados dos termos é comum. Como bem afirma Dias (2002), a questão é que, para além do senso comum e do significado etimológico dos termos oferecidos pelos dicionários, o conflito, ainda que pequeno, também existe entre os especialistas do assunto. Há divergência entre os referenciais teóricos da área da gestão sobre as diferenças e as semelhanças entre as palavras. Peter Drucker, indiscutivelmente reconhecido como um dos maiores influenciadores entre os gestores e também considerado o pai da administração moderna, corrobora que, entre *gestão* e *administração*, há significativa diferença (Drucker, 1992). De forma prática e objetiva, Dias (2002, p. 10-11, grifo nosso) simplifica os termos por meio da seguinte relação:

A gestão incorpora a administração e faz dela mais uma das funções necessárias para seu desempenho.

Administrar *é planejar, organizar, dirigir e controlar pessoas para atingir de forma eficiente e eficaz os objetivos de uma organização.*

Gestão *é lançar mão de todas as funções [técnica, contábil, financeira, comercial, segurança e administração] e conhecimentos [psicologia, antropologia, estatística, mercadologia, ambiental etc.] necessários para através de pessoas atingir os objetivos de uma organização de forma eficiente eficaz.*

Em sua concepção, portanto, o termo *administração* está mais voltado para o aspecto técnico, com enfoque no processo operacional. *Gestão*, por sua vez, enfoca o aspecto gerencial. Assim, *gerir* é alcançar as finalidades de uma organização de forma eficaz, valorizando o conhecimento e as habilidades das pessoas que compõem a equipe. Vai muito além de ações operacionais e técnicas mais atreladas à área da administração. Não estamos afirmando, com isso, que a administração não é importante; pelo contrário, ela é fundamental para quem quer conhecer ou exercer uma tarefa ou função com eficácia diante dos enormes desafios que a gestão de igrejas nos apresenta na atualidade. Objetivamente, portanto:

> *O que diferencia um administrador de um gestor é o necessário envolvimento que o gestor tem com o trabalho, pois acompanhou os projetos desde sua concepção, sistematizou todas as tarefas e atividades, conhece a razão de algo ser feito de determinada forma etc. É mais do que administrar ou gerenciar (no sentido mais simples e metodológico), é gestar,* cuidar para que a obra cresça, se desenvolva, frutifique.
> (Editora InterSaberes, 2015, p. 47-48, grifo do original)

Assim, fica mais fácil compreendermos a diferença entre os significados dos vocábulos. Então,

> Gestão, *segundo o Dicionário Houaiss (2009), é um substantivo feminino que significa "ato ou efeito de gerir; administração, gerência". Contudo, compreenderemos melhor o sentido da palavra se considerarmos que ela possui uma raiz latina, gest- que explica que gestão também é o "ato de dirigir algo, além de administrá-lo ou gerenciá-lo".* (Editora InterSaberes, 2015, p. 46)

Dessa forma, tendo como foco o pastor ou o líder cristão, surge a pergunta: Eles são administradores ou gestores? Podemos responder que eles são, concomitantemente, os dois, pois apontam caminhos, definem estratégias, estabelecem equipes e planejam ações, visando, sempre, ao crescimento do trabalho e ao bom andamento das igrejas.

Vejamos alguns fundamentos da gestão apresentados no Quadro 1.1 para a compreendermos melhor.

Quadro 1.1 – Gestão: ato de gerir, gerenciar, liderar

Gerenciar	Administrar os processos para manter o funcionamento do trabalho, apresentando os resultados esperados.
Liderar	Estar à frente, mostrar a direção, fazer tudo para alcançar os objetivos.
Gestar	Só é possível gestar um sistema de gerenciamento quando se sabe aonde se quer chegar, a partir do estabelecimento de objetivos, estratégias e ações que são oriundas do processo de sonhar com tais objetivos. Gestar é fundamental para o processo de engajamento de funcionários.
Gesticular	Ato de mostrar a direção ao povo, para que todos sigam pelo mesmo caminho; função do líder, daquele que sonhou o local para onde todos, focados, caminharão para alcançar os objetivos estabelecidos.

Fonte: Adaptado de Editora InterSaberes, 2015, p. 48.

Finalmente, constatamos que algumas pessoas entendem que a gestão se constitui como algo maior do que a administração. De certa forma – e como ação –, isso pode ser verdadeiro, afinal, podemos partir do pressuposto de que o termo *gestão* está sendo utilizado para reforçar a necessidade de uma condução por meio de aspectos mais técnicos, envolvendo habilidade, competências etc. Contudo, como função ou hierarquia nas organizações (inclusive igrejas), a administração continua acima da gestão.

Gestão de igrejas

Diante de tantos aspectos que, como dissemos, se entrelaçam e, por vezes, se confundem, entendemos que *gestão* e *administração* podem ser utilizadas como sinônimos, mesmo sabendo que, na execução das responsabilidades inerentes a cada atividade, pequenas diferenças possam surgir. Em síntese, precisamos de igrejas que estejam bem dirigidas por indivíduos que sejam verdadeiros gestores.

1.3 A igreja: organismo e organização

Na teologia e na história, o conceito de *igreja* nem sempre foi unânime. Diante de algumas divergências, essa instituição, em seu aspecto humano, passou por momentos difíceis de separação. Inicialmente, cristãos ortodoxos se separaram dos ocidentais. Depois, católicos e protestantes distanciaram-se. A realidade protestante, nesses últimos tempos, também evidencia que até mesmo as igrejas evangélicas divergem entre si, provocando o surgimento de vários ramos denominacionais que estão espalhados pelo mundo. Entre outros aspectos (relacionados a formas de governo, a doutrinas etc.), o conceito do que é *igreja* esteve bem presente nessas situações conflitantes.

Mesmo sob tais diferenças, a igreja cristã não desconsidera seu caráter divino-humano, ou seja, a igreja é, ao mesmo tempo, um **organismo** – o corpo de Cristo, que tem uma missão para a qual foi chamada a existir no mundo – e uma **organização** – uma instituição humana que tem obrigações a cumprir no país em que está inserida. A Figura 1.2, a seguir, contribui para uma melhor compreensão.

Figura 1.2 – O que é igreja?

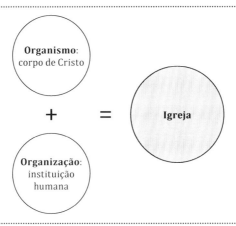

Segundo o *Novo dicionário de teologia*,

A Igreja é uma das realidades mais fundamentais da fé cristã. A doutrina da Igreja é comumente chamada eclesiologia. [...] As Escrituras apresentam a Igreja como o povo de Deus, a comunidade e o corpo de Cristo e a comunhão do Espírito Santo. [...] Pedro aplica a Igreja, no NT [Novo Testamento], termos usados no AT [Antigo Testamento] para o povo de Deus (1Pe 2.9). A palavra bíblica "igreja" (gr. Ekklesia, heb. qāhāl*) significa "assembleia". [...] Por causa de sua união com Cristo, Paulo descreve a Igreja como o corpo de Cristo (Ef. 1.22-23). [...] A Igreja pode ser definida como Deus a vê, ou seja, a chamada "Igreja invisível". É formada por todos os homens e mulheres cujos nomes estão inscritos no Livro da Vida do Cordeiro (Ap 21.27). Por outro lado, a "Igreja visível" é justamente a Igreja como a vemos, a família unida dos crentes. [...]*

A Igreja pode ser definida como igreja local, de modo que somente a igreja local seja propriamente a Igreja, e as assembleias maiores sejam apenas associações de igrejas ou de cristãos; mas, por outro lado, pode ser definida como de âmbito universal, de maneira que a igreja local seja considerada somente uma porção da Igreja, uma parte do todo.

[...]

*A Igreja pode também ser vista como um **organismo**, em que cada membro funciona e se associa com outros membros, assim como uma **organização**, em que os vários dons individuais são exercidos.* (Ferguson; Wright, 2009, p. 529-531, grifo nosso e do original)

Podemos sistematizar e entender um pouco melhor o conceito sobre como a igreja pode ser percebida analisando o esquema disponibilizado na Figura 1.3, a seguir.

Figura 1.3 – Constituição da igreja cristã

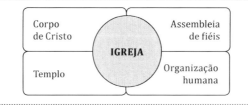

Complementando essa concepção, Zacarias de Aguiar Severa (1999) apresenta as representações, segundo a Bíblia, do que a igreja cristã é:

- O **povo de Deus**.
- O **corpo de Cristo**.
- O **templo do Espírito Santo**.

De fato, lógica e humanamente falando, é difícil conceituar o que é *igreja*, pois ela está envolvida por diversas facetas por meio das quais se expressa, tanto a Deus quanto aos homens. Ela pode ser percebida como um edifício (templo), porém é obvio que a igreja de

Cristo não se limita a uma simples construção. A definição de que ela pode ser um edifício está limitada à percepção humana, afinal, costumamos fazer referência aos diversos templos construídos pelos homens como, simplesmente, "igreja". Por isso, numa perspectiva da temática que ora abordamos, como bem destacaram Nemuel Kessler e Samuel Câmara (1987, p. 13), devemos lembrar que "a igreja é, simultaneamente, ORGANISMO e ORGANIZAÇÃO [sic]".

Portanto, a igreja cristã é um organismo vivo porque é o corpo de Cristo, do qual **Cristo é a cabeça**. Ela é um organismo vivo porque é formada por um povo, o povo de Deus. É por meio dessa realidade espiritual que ela responde ao chamado realizado por Deus quando o adora, quando se edifica, quando serve a seu semelhante, quando mantém a comunhão e quando evangeliza (Martins, 2002). Tal realidade define de forma tríplice a ação da igreja cristã: espiritual, social e administrativa.

Contudo, sem perder sua característica divina, cada igreja é também uma organização humana. Mesmo obedecendo a Deus e realizando sua missão, ela precisa estar estabelecida de forma legal no local em que está inserida. Para tanto, precisa também de meios e de estratégias para continuar em sua ação evangelística e missional; afinal, existem certas e necessárias "condições para a constituição jurídica de qualquer sociedade de natureza religiosa, cultural etc." (Kessler; Câmara, 1987, p. 45).

Todas as igrejas deveriam estar funcionando de forma plenamente legal, cumprindo as exigências das leis de seu país, estado e município. Infelizmente, líderes despreparados compreendem de forma equivocada que as igrejas, cumprindo com sua missão espiritual (pregar, evangelizar, adorar etc.), já estariam realizando o suficiente. Esquecem-se de que, para cumprir sua missão, ela precisa que outros aspectos estejam definidos. Quando aberta, ela precisa da legalidade jurídica; quando recebe doações (dízimos e ofertas),

Gestão de igrejas 27

ela precisa dos registros e dos controles financeiros e contábeis; quando construída sua estrutura física, ela precisa de gestão patrimonial etc.

Como podemos constatar, as igrejas, em suas diversas constituições (divino-humana, organismo e organização, corpo de Cristo e instituição civil), precisam que seus líderes sejam, concomitantemente, pastores que conduzam seus rebanhos com harmonia e gestores que as administrem com excelência.

O Quadro 1.2, a seguir, ajuda-nos a compreender um pouco mais sobre a realidade das igrejas de Cristo.

Quadro 1.2 – Diferenças e semelhanças entre os aspectos divinos e humanos da igreja cristã

A igreja é simultaneamente	
Humana, porque é constituída pelos homens	**Divina**, porque seu dono e fundador é Jesus Cristo
Visível, porque está presente no mundo físico	**Invisível**, porque contempla todos os salvos em todos os tempos
Local, porque está presente em cada cidade e em cada região deste mundo	**Universal**, porque não se limita a um local ou a um templo
Temporária, porque, como instituição, um dia acabará	**Eterna**, porque é corpo de Cristo e um dia irá para o céu com ele
Militante, porque prega o Evangelho	**Triunfante**, porque sua vitória é certa
Imperfeita, porque é formada por pecadores	**Perfeita**, porque é constituída pelos salvos
Denominacional, porque se enquadra em cada contexto histórico	**Interdenominacional**, porque é única em Cristo
Liderada por homens, porque Deus deu dons a eles para administrá-la	**Liderada por Jesus**, porque ele é o Supremo Pastor das ovelhas

(continua)

(Quadro 1.2 – conclusão)

A igreja é simultaneamente	
Terrena, pois é percebida nos templos e nas liturgias e regida pelos estatutos	**Espiritual**, pois é reconhecida pela adoração, pelo serviço e pela evangelização

Como é possível perceber, a igreja de Cristo se estabelece por meio de uma trama de relações entre os âmbitos espiritual e físico. Defini-la com exatidão é difícil, porque ela é mais do que uma organização humana. Ela pertence a Cristo, como Ele mesmo disse no capítulo 18 do Evangelho de Mateus. Entretanto, essa realidade não muda a seriedade que o líder deve ter ao administrar sua igreja, fazendo-o com diligência e zelo, porque, ao geri-la, está servindo a Deus.

1.4 Formas de gestão de igrejas

Outro conceito muito importante quando discutimos sobre gestão de igrejas é a forma como ela é realizada. Como já mencionamos, para além dos debates doutrinários, existem também significativas diferenças gerenciais para cada denominação eclesiástica.

O modelo de gestão das igrejas católicas, por exemplo, é centralizado na pessoa do papa e constituído por uma hierarquia administrativa muito bem definida, que, como sabemos, contempla os católicos do mundo inteiro, por meios dos bispos, dos padres e das instituições que auxiliam na condução de cada igreja, tal e qual uma diocese.

Já não podemos falar o mesmo em relação às igrejas protestantes (ou evangélicas). Não há uma sede mundial, como Vaticano, ou um líder único – como o papa, por exemplo – para elas. As igrejas evangélicas se multiplicaram em várias denominações com

Gestão de igrejas

características não só doutrinárias, mas também administrativas diferentes.

> *Durante a história, o governo da igreja seguiu vários sistemas, assumindo várias formas, inclusive copiando modelos seculares vigentes. Existem, atualmente, várias formas de governo que prevalecem em vários grupos cristãos. Embora os defensores dessas várias formas concordem que Deus é a autoridade final, eles diferem no* **como** *ou* **por meio de quem** *ele expressa ou exerce essa autoridade.* (Martins, 2002, p. 29, grifo do original)

Assim, cada denominação tem "características específicas que são conhecidas como Governo Eclesiástico" (Gaby; Gaby, 2013, p. 32). Nesse sentido, Kessler e Câmara (1987, p. 26) acrescentam:

> *Uma igreja cristã é uma sociedade com vida coletiva, organizada de conformidade com algum plano definido, adaptado a algum propósito definido, que ela se propõe realizar. Por conseguinte, conta com seus oficiais e ordenanças, suas leis e regulamentos, apropriados para a administração de seu governo e para o cumprimento de seus propósitos.*

O modelo de gestão a ser adotado, portanto, deve respeitar a cultura do local e da denominação, aproveitando os elementos dessas culturas para garantir um melhor relacionamento entre as pessoas envolvidas no trabalho e extrair de cada uma delas o que há de melhor para dedicar ao Senhor.

Diante da diversificação de igrejas espalhadas pelo Brasil, seria difícil limitar quantas formas de governo eclesiástico existem. Eliel Gaby e Wagner Gaby (2013) concordam com Kessler e Câmara (1987) sobre três modelos de gestão, mas acrescentam a estes um outro modelo. Jeziel Guerreiro Martins (2002), por sua vez, aponta cinco modelos. De forma simples e objetiva, vejamos quais são eles, sejam acrescidos, sejam relidos, numa perspectiva do que, para nós, faz mais sentido diante do fenômeno religioso evangélico proliferado por meio de igrejas independentes que surgiram nas últimas décadas.

- **Congregacional** – Modelo em que a própria igreja realiza sua administração de acordo com a decisão e a direção da maioria de seus membros. Normalmente, tais decisões ocorrem por meio de assembleias. Exemplos: Igreja Batista e igrejas congregacionais.
- **Episcopal** – Modelo em que um *bispo* (ou, nas nomenclaturas comuns à organização, *pastor*, *apóstolo*, *ancião* etc.) realiza o gerenciamento de toda a igreja, estabelecendo, obviamente, lideranças de forma hierarquizada. Um bispo pode, por exemplo, comandar uma região e constituir pastores para cada igreja local. Assim, cada pastor local se submete a um líder que está, hierarquicamente, acima dele. Exemplos: Igreja Metodista e Igreja Anglicana.
- **Presbiterial** – Modelo em que um conselho de presbíteros (eleito pela igreja em assembleia) realiza a direção da igreja. Normalmente, o pastor é um membro (e presidente) do conselho. Esse modelo é aplicado à igreja local. Para a administração da denominação, outras instituições auxiliam na gestão, como os sínodos e os presbitérios. Exemplos: igrejas reformadas e presbiterianas.
- **Representativo** – Modelo em que pode ocorrer uma mistura dos conceitos anteriormente delineados. Pode-se, por exemplo, existir um presidente que gerencia mediante um ministério pastoral colegiado, isto é, um grupo de líderes ou pastores da igreja. Em outros casos, os próprios membros podem formar um conselho para ajudar a administrar a igreja em alguns aspectos,

Gestão de igrejas

sempre em harmonia com a liderança pastoral ou com o presidente do conselho. Exemplos: Igreja Missionária Evangélica Maranata (Rio de Janeiro).
- **Independente** – Modelo em que a voz do pastor é proeminente na liderança. Ele é a autoridade máxima e cabe a ele a responsabilidade de gerir a igreja. Às vezes, ele constitui uma liderança com poder de decisão e de voto, mas sempre subordinada a ele; às vezes, não. Esse modelo tem sido exercido na maioria das igrejas evangélicas independentes, ou seja, aquelas que não estão vinculadas às denominações históricas, sejam elas pentecostais, sejam elas reformadas. É um modelo predominante em igrejas pentecostais e neopentecostais que normalmente têm um único endereço. Por vezes, a liderança e a responsabilidade são transmitidas de pai para filho.

Esses são alguns modelos possíveis, mas, como já afirmamos, diante do relativismo e da pluralidade religiosa, ideológica e conceitual que predominam na sociedade, outros modelos podem existir nas diversas igrejas espalhadas por nosso país. Em síntese, cada igreja procura realizar sua condução com base naquilo que pretende realizar na sociedade em que está inserida e de acordo com aquilo que entende como a vontade de Deus em sua gestão.

Por isso, não há como definir um modelo melhor ou pior; todos trazem aspectos positivos e negativos, concomitantemente. Não podemos esquecer, apenas, que, independentemente do modelo de gestão exercido, o "cabeça" – o chefe – de cada igreja será sempre o Senhor Jesus Cristo. E, assim como disse Paulo, espera-se que todos aqueles que são ministros de Cristo e despenseiros de Deus realizem uma administração adequada e centrada nos valores bíblicos para que possam ser considerados fiéis (Bíblia. I Coríntios, 2005, 4: 1-2).

Síntese

Não há dúvidas de que a gestão é necessária em qualquer processo humano, do mais simples ao mais complexo. As igrejas, nessa perspectiva, constituem espaços significativos nos quais os princípios de administração devem ser aplicados.

Introduzimos esse tema por meio da análise de alguns conceitos e definições específicos da área. Nesse sentido, foi importante destacarmos as semelhanças e as diferenças entre os significados dos termos *administração* e *gestão*, pois tanto umas quanto as outras evidenciam a importância de aplicarmos esses conceitos no âmbito eclesiástico.

Observamos que, considerando suas especificidades, mesmo que as igrejas necessitem da implantação de modelos de gestão para serem dirigidas, pois são organizações civis, elas não devem se esquecer de que são, concomitantemente, o corpo de Cristo. O objetivo principal delas é a pregação do Evangelho de Jesus. E, para cumprirem fielmente sua missão, mesmo com diferentes estilos de governo, as igrejas ou denominações cristãs devem atender ao chamado de Deus de forma eficiente e eficaz.

Atividades de autoavaliação

1. Analisamos a importância do estudo da gestão de igrejas por meio da relação aproximada dessa temática com a teologia. Sobre isso, podemos afirmar:

    a) O assunto teológico é abrangente e pode envolver qualquer tema que se relacione a Deus, à sua igreja e ao ser humano em suas respectivas e intrínsecas relações.

    b) O assunto teológico é amplo, mas se limita ao estudo relacionado aos dogmas das igrejas e de Deus.

Gestão de igrejas

c) O assunto teológico não é abrangente. Pelo contrário, ele se fundamenta no estudo das Escrituras Sagradas por meio da hermenêutica.
d) O assunto sobre a gestão de igrejas é importante e não tem relação direta com o assunto teológico, pois ambos são campos de estudo distintos.

2. Marque V para as afirmativas verdadeiras e F para as falsas:
( ) A gestão de igrejas é importante para os dias atuais, mesmo que na Bíblia não haja informações sobre esse assunto
( ) A gestão de igrejas é necessária em nossos dias, pois, ainda que as igrejas tenham como missão principal a pregação do Evangelho, elas precisam realizar essa missão de forma eficiente e eficaz.
( ) A gestão de igrejas faz parte do arcabouço de estudos dos líderes cristãos, constituindo uma disciplina que, em transdisciplinaridade com outras, contribui para a teologia e o trabalho das igrejas.
( ) A gestão de igrejas representa o estudo dos diversos assuntos ligados ao trabalho do pastor no que tange a sua função de líder ou de administrador principal da igreja a que serve.

Agora, assinale a alternativa que apresenta a sequência correta:

a) F, V, V, F.
b) V, F, V, F.
c) F, V, V, F.
d) F, V, V, V.

3. Considerando os conceitos sobre o que é *igreja*, marque a alternativa correta:
   a) A igreja é uma organização divina e, portanto, não tem implicações como organização civil.
   b) A igreja é um organismo, porque é o corpo vivo de Cristo, mas é, também, uma organização, porque está inserida na sociedade civil.
   c) A igreja é espiritual, e não material. Sua realidade e sua ação estão inseridas numa dimensão distante do contexto social.
   d) A igreja é constituída pelo próprio templo religioso e, por isso, ela precisa ser bem administrada.

4. Marque V para as afirmativas verdadeiras e F para as falsas:
   ( ) Para melhor desempenhar sua missão, a igreja age por meio de um tríplice aspecto.
   ( ) A missão da igreja é ampla e contempla os aspectos espiritual, social, administrativo e econômico.
   ( ) Para melhor desempenhar sua missão, a igreja age somente no aspecto espiritual.
   ( ) A missão da igreja é ampla, mas contempla somente os aspectos do louvor e da pregação.

   Agora, assinale a alterativa que apresenta a sequência correta:

   a) F, V, V, F.
   b) V, V, F, V.
   c) V, V, F, F.
   d) F, F, V, V.

Gestão de igrejas

5. Sobre os diferentes modelos de governo das igrejas evangélicas (episcopal, congregacional, presbiterial, representativo e independente), marque a alterativa correta:
   a) Eles representam uma mistura de gestões que se assemelha à da Igreja Católica.
   b) Eles existem nas mais variadas igrejas evangélicas e não apresentam diferenças significativas nas questões doutrinárias e nas questões administrativas.
   c) Eles representam as diferenças de doutrina e de gestão nas igrejas.
   d) Eles são variados e, como os seus nomes revelam, referem-se aos assuntos administrativos, isto é, à forma pela qual as igrejas são governadas.

Atividades de aprendizagem

Questões para reflexão

1. Existe alguma relação entre *teologia* e *gestão*? Explique-a.
2. A administração ou gestão eclesiástica é importante para aquele que quer exercer o ministério pastoral ou algum tipo de liderança em sua igreja? Por quê?
3. Existe diferença entre os significados de *administração* e *gestão*? Como isso se aplica na gestão de igrejas?
4. O que diferencia um gestor de um administrador?
5. O modelo de governo adotado por sua igreja contribui para uma boa administração? Comente sobre sua reflexão.

Atividade aplicada: prática

1. Considerando o fato de que a igreja é, concomitantemente, organismo e organização, reflita sobre esses dois aspectos, principalmente sobre por que é importante que o pastor entenda esses princípios ao liderar uma igreja nos tempos atuais. Depois dessa reflexão, você pode elaborar um resumo desses aspectos e apresentá-lo em uma igreja de seu bairro, para verificar se eles estão sendo respeitados.

capítulo dois

Princípios bíblicos de gestão

Comuns na maioria das grandes religiões, os textos sagrados caracterizam-se por apresentarem um tipo de literatura exclusiva ao mundo religioso. Esses textos, normalmente, estão catalogados em coleções de livros ou escritos e servem de fundamento para as práticas cotidianas vivenciadas pelos fiéis. Algumas religiões assumem que esses textos têm origem divina, transcendental, e, por isso, são considerados a palavra do deus que elas seguem.

A Bíblia é um dos textos sagrados mais conhecidos da história e o livro sagrado por excelência dos cristãos. É também denominada de *Escrituras Sagradas* ou *Palavra de Deus* e constitui norma de fé e prática para os seguidores de Jesus Cristo.

Partindo dessa breve contextualização, nosso objetivo, neste capítulo, é ressaltar os aspectos bíblicos que se relacionam com nossa temática, isto é, a gestão de igrejas, afinal, "Todos os líderes e administradores que trabalham na obra de Deus precisam compreender e praticar a filosofia bíblica de administração. Cada vez mais os líderes cristãos têm notado que o povo de Deus precisa ser mais eficaz na administração da obra dele" (Rush, 2005, p. 17).

2.1 Gestão e Bíblia: essa relação é possível?

Independentemente das posições religiosas, a Bíblia é considerada o mais importante livro da história da humanidade. Sua influência, nos dias atuais, estende-se, entre outras áreas, pela ciência, pela arqueologia, pela cultura, pela história (Scholz; Zimmer, 2013), sempre, é claro, relacionada a outras fontes de rigor científico e acadêmico. Não há, no entanto, como negar a forte influência que a Bíblia, como uma literatura, exerceu (e exerce) sobre o mundo ocidental. "Abordando a Bíblia como literatura, o teólogo toma posse de uma linguagem capaz de ser fazer relevante e inteligível tanto à cultura cristã que ainda dá forma a nossa sociedade, quanto à academia" (Lima, 2012, p. 12).

Já no aspecto eclesiológico, temos como pressuposto que:

A missão da igreja é ser serva de Jesus Cristo pelo culto permanente e exclusivo à Trindade; pelo amor interno, que confraterniza seus membros; ***pela fidelidade às Escrituras****; pela igualdade de seus componentes; pela missão evangelizadora entre todos os povos; pelo incansável testemunho cristão.* (Reis, citado por Gaby; Gaby, 2013, p. 22, grifo nosso)

A Bíblia é, portanto, o referencial de fé e de missão do cristão. Entretanto, ao contrário do que muitas pessoas pressupõem, ela não se limita a tratar somente dos aspectos religiosos da fé; antes, ela também é a base essencial que estabelece valores e dirige as

Princípios bíblicos de gestão

ações na área profissional das pessoas que nela acreditam. Nesse sentido, Kessler e Câmara (1987, p. 13) destacam: "Em muitos casos, a Bíblia tem sido citada por sua demonstração de princípios administrativos", afinal, ela nos ensina a administrar bem os recursos que temos.

Alguém poderia contra-argumentar que a Bíblia não tem relação alguma com questões profissionais, mas ocorre justamente o contrário disso. Gaby e Gaby (2013, p. 23) ressaltam que "a Bíblia Sagrada, mesmo tendo sido escrita na Antiguidade, pode ser considerada como um verdadeiro manual de Administração". De fato, ela fala muito sobre variadas questões da vida. Observamos um belo exemplo da influência bíblica em um texto de Max Gehringer, administrador de empresas e autor de diversos livros sobre carreiras e gestão empresarial, lido em seu programa de rádio:

> *Existem muitos gurus que sabem dar respostas criativas às grandes questões sobre o mercado de trabalho. Aqui vai um pequeno resumo de uma entrevista do famoso Randolph Brennan:*
>
> *Pergunta: Ainda é possível ser feliz num mundo tão competitivo?*
> *Resposta: Quanto mais conhecimento conseguimos acumular, mais entendemos que ainda falta muito para aprender. É por isso que sofremos. Trabalhar em excesso é como perseguir o vento. A felicidade só existe para quem consegue aproveitar, agora, os frutos do seu trabalho.*
>
> *Pergunta: O profissional do futuro será um individualista?*
> *Resposta: Pelo contrário. O azar será de quem ficar sozinho, porque, se cair, não terá ninguém para ajudá-lo a levantar.*
>
> *Pergunta: Que conselho o senhor daria aos jovens que estão entrando no mercado de trabalho?*

Copyright ©2008 by Editora Globo S.A. para a presente edição
Copyright ©2008 by Max Gehringer

42 *Gestão de Igrejas: princípios bíblicos e administrativos*

Resposta: Que é melhor ser criticado pelos sábios do que ser elogiado pelos insensatos. Elogios vazios são como gravetos atirados numa fogueira.

Pergunta: E para os funcionários que têm chefes centralizadores e perversos?

Resposta: Muitas vezes, os justos são tratados pela cartilha dos injustos, mas isso passa. Por mais poderoso que alguém pareça ser, essa pessoa ainda será incapaz de dominar a própria respiração.

Pergunta: O que é exatamente sucesso?

Resposta: É o sono gostoso. Se a fartura do rico não o deixa dormir, ele estará acumulando, ao mesmo tempo, a sua riqueza e a sua desgraça.

*Belas e sábias respostas. Eu só queria me desculpar pelo fato de que não existe nenhum Randolph Brennan. Eu o inventei. Todas as respostas, embora extremamente atuais, foram tiradas de um livro escrito há 2300 anos, **o Eclesiastes, do Velho Testamento** bíblico, mas, se se eu digo isso logo no começo, muita gente, talvez, nem teria interesse em continuar ouvindo.*

Gehringer, Max. **Clássicos do mundo corporativo**/Max Gehringer.

São Paulo: Globo, 2008. p. 108-110.

Não há dúvidas, então, de que tanto para as questões da vida quanto para as de gestão, a Bíblia apresenta importantes lições que podem nortear o trabalho de quem pretende exercer uma administração com excelência e ética. Ela é, portanto, um importante manual para o gestor.

Entretanto, o que seria, de fato, gerir com base na Bíblia? Ou, ainda: Que relação há entre **exercer gestão** e **ler a Bíblia**?

A resposta é ampla, porém, de início, cabe a reflexão de que o objetivo não é transformar a igreja numa grande empresa, como

Princípios bíblicos de gestão   43

infelizmente observamos em alguns casos. Gaby e Gaby (2013, p. 9) lembram que a igreja "tem substituído o modelo de comunidade pelo modelo empresarial". Isso é enormemente prejudicial para a causa do Evangelho, pois as igrejas acabam imitando as empresas e enxergando as pessoas como números ou como peças de uma engrenagem.

O cristão deve ter como objetivo gerir sua igreja em prol do Evangelho e do Reino de Deus; e, sem dúvida, deve fazer isso de modo organizado, planejado e objetivo, gerando o desenvolvimento dos departamentos e dos membros envolvidos, pautado pelo conceito bíblico de gestão. A resposta à pergunta que dá nome a essa subseção, *Gestão e Bíblia: essa relação é possível?*, é, portanto: sim, é possível relacioná-los. E, ainda, é necessário que todo líder cristão conheça os pressupostos bíblicos e aplique-os à administração eclesiástica, afinal, Paulo ressalta, na Primeira Epístola a Timóteo, que um dos requisitos necessários àqueles que desejam o ministério é governar (ministrar, presidir, gerir) bem tanto sua casa quanto a igreja de Deus (Bíblia. I Timóteo, 2005, 3: 4-5).

2.1.1 O termo bíblico para *administração*

Nos textos originais dos livros que compõem o Novo Testamento, escritos em grego, o termo *oikonomos* aparece várias vezes. Nas versões em língua portuguesa, esse vocábulo foi traduzido por diferentes palavras, de acordo com os distintos sentidos com os quais foi empregado nos textos originais. Assim, podemos encontrá-lo traduzido como "despenseiro", "mordomo", "empregado", "tesoureiro", "curador" ou "administrador"[1]. Da mesma forma, a responsabilidade de cada uma dessas funções (do grego *oikonomia*) é traduzida por "dispensação", "administração" ou, simplesmente, "serviço", entre outros[2].

A palavra *despenseiro* (*oikonomos*) é encontrada **dez vezes** no Novo Testamento grego, e sua responsabilidade (*oikonomia*), **nove vezes**. Ambos os termos gregos (*oikonomos* e *oikonomia*) são formados pelos vocábulos *oikos* ("casa") e *nomos* ("lei"). No grego clássico, *oikonomia* significava "a gerência de um lar", e *oikonomos* denotava o "mordomo da casa". No latim, *oikomomia* virou *oeconomia*, palavra da qual deriva o nosso vocábulo *economia*. O *mordomo da casa* equivale a *ecônomo*, originalmente o indivíduo encarregado pela administração de uma casa grande (Louw; Nida, 2013).

Portanto, refere-se ao **administrador** da casa e das propriedades de um senhor. No Evangelho de Lucas, essa função se alterna com a de "escravo". Esse indivíduo tinha o direito legal de agir em nome de seu senhor, e deveria ser fiel a este e prudente em suas ações (Lucas, 12: 42; I Coríntios, 4: 2). A ele, era concedido um tempo determinado para gerenciar as posses de seu senhor, embora não soubesse por quanto tempo haveria de durar sua administração.

---

1   Esses termos são os mais comuns nas versões mais conhecidas da Bíblia em língua portuguesa. Outros termos, de significados próximos a estes, podem aparecer em versões menos usuais. Além disso, as quantidades em que eles ocorrem nas traduções do Novo Testamento em português variam de acordo com cada versão.

2   Idem à nota anterior.

Princípios bíblicos de gestão

2.2 A Bíblia aplicada à gestão

Até agora, observamos que a Bíblia é um livro importante para todo aquele que quer realizar uma boa gestão, principalmente nas igrejas. No entanto, alguém poderia argumentar que ela é um livro que se fundamenta, única e exclusivamente, em termos de fé e de religião. Como vimos, essa também é uma verdade, mas uma meia-verdade. A Bíblia é, de fato, um livro que apresenta uma mensagem de salvação, afinal, relata a história do amor de Deus pela humanidade e o plano que ele tem para salvá-la.

Porém, para além disso, ela apresenta diversos princípios que podem ser utilizados em diversas áreas da vida: negócios, família, estudos, saúde, entre outras. Segundo Myron Rush (2005, p. 17), "Todos os líderes e administradores que trabalham na obra de Deus precisam compreender e praticar a filosofia bíblica de administração. Cada vez mais os líderes cristãos têm notado que o povo de Deus precisa ser mais eficaz na administração da obra dele".

Considerando, então, que a Bíblia apresenta princípios importantes para a gestão, cabe a pergunta: Quais são esses princípios?

Atualmente, diversos fatores sociais, econômicos e políticos têm contribuído para que líderes seculares e eclesiásticos busquem aperfeiçoar suas habilidades de gerenciamento. Não há dúvidas de que isso é bom e necessário. O líder cristão, seja ele um pastor, seja ele um administrador, deve conhecer todas as ferramentas possíveis para realizar uma boa gestão.

Porém, conforme bem advertiu Rush (2005), na gestão de igrejas, constata-se que nem sempre o modelo corporativo e secular de administrar é o mais apropriado, uma vez que está distante ou em conflito com os preceitos bíblicos e cristãos. O que fazer então? Sem dúvidas, a Bíblia pode nos ajudar. Sendo o maior livro de todos os tempos, com muita sabedoria, ela destaca vários exemplos sobre as boas práticas de gerenciamento.

Gaby e Gaby (2013), numa releitura de alguns dos princípios fundamentais da administração definidos por **Henry Fayol** (fundador da **teoria clássica da administração**), aplicam-nos na gestão de igrejas. Vejamos, então, no Quadro 2.1, como podemos empregá-los.

Quadro 2.1 – Princípios de gestão encontrados na Bíblia

Princípio de gestão	Características	Referência bíblica
Coordenação e divisão de trabalho	Segmentação da tarefa entre a equipe, aumentando o ritmo de produção e conduzindo a uma especialização de função	Êxodo, 18: 13-27; 31: 1-11; 35: 30-35; Números, 3: 1-4, 40; I Crônicas, 15: 16-22; 27: 25-31; Neemias, 3: 1-4; Mateus, 14: 13-21; Atos, 6: 1-7.
Autoridade e responsabilidade	Legitimidade e autoridade para exercer a liderança	Êxodo, 18: 13-27; Números, 3: 1-4, 40; Neemias, 3: 1-4; Mateus, 14: 13-21; Atos, 6: 1-7.
Disciplina	Obediência e hierarquia estabelecida na organização	Gênesis, 39: 8-9; Mateus, 22: 21; Romanos, 13: 1-7; Efésios, 6: 5-8; Colossenses, 3: 22; Hebreus, 13: 17.
Unidade de direção e comando	Direção e subordinação	Êxodo, 18: 13-27; I Crônicas, 15: 16-22; Efésios, 2: 15; 4: 5.

(continua)

Princípios bíblicos de gestão

(Quadro 2.1 – conclusão)

Princípio de gestão	Características	Referência bíblica
Remuneração	Retribuição adequada aos serviços prestados com equidade e justiça	Gênesis, 30: 28; I Reis, 5: 6; Jeremias, 22: 13; Mateus, 10: 10; Lucas, 10: 7; Filipenses, 4: 10-20; II Coríntios, 11: 8; II João, 6: 1-71.

Fonte: Elaborado com base em Gaby; Gaby, 2013, p. 29-32.

Dessa forma, na Bíblia, podemos identificar princípios-chave para obter êxito na gestão de pessoas, de situações e de organizações. E, apesar de serem regras comuns à realidade dos administradores, percebemos que as histórias bíblicas em que elas estão envolvidas apontam para valores fundamentais da sociedade, como equidade, justiça, solidariedade, fraternidade etc. É por isso que a Bíblia é um diferencial, pois não basta o líder aplicar certos princípios para que obtenha êxito nas tarefas. Na verdade, ele só alcançará o sucesso se os meios utilizados, os critérios estabelecidos e as motivações que originaram as suas ações estiverem em sintonia com os valores bíblicos e cristãos. Portanto, biblicamente falando, gerir é muito mais do que aplicar certas técnicas; gerir é realizar o que é certo, da forma certa e com os valores certos para que o resultado seja adequado e o nome de Jesus seja glorificado. Uma igreja que se torna referência de uma boa gestão, da mesma forma, apresenta um belo testemunho do que a Bíblia e o próprio Deus podem fazer por meio daqueles que se submetem a sua vontade.

Kessler e Câmara (1987) também oferecem um significativo aprendizado tomando como base a história bíblica que relata a crise de liderança pela qual Moisés passava por não conseguir administrar as demandas do povo, quando foi aconselhado por seu sogro Jetro. Mesmo considerando que há uma distância cultural (Oriente-Ocidente), geográfica (América-Ásia), cronológica (há mais de 3.500 anos), entre outros aspectos, essa situação, descrita no livro do Êxodo (18: 13-27) apresenta significativas lições.

No Quadro 2.2, a seguir, podemos analisar a narrativa bíblica (Bíblia. Êxodo, 2005, 18: 13-27), na primeira coluna, relacionada aos princípios de gestão elencados na segunda coluna, segundo Kessler e Câmara (1987), demonstrando que Moisés realizou um verdadeiro processo de gestão.

Quadro 2.2 – Os princípios de gestão na história de Moisés

Texto bíblico	Princípio aplicado
13 No dia seguinte Moisés sentou-se para julgar as questões do povo e ficou ocupado desde a manhã até a noite.	Observação e inspeção pessoal
14 Quando Jetro viu tudo o que Moisés estava fazendo, perguntou: — Por que você está agindo assim? Por que está resolvendo sozinho os problemas do povo, com todas essas pessoas em pé ao seu redor, desde a manhã até a noite?	Interrogatório e investigação perspicaz
15 Moisés respondeu: — Eu tenho de fazer isso porque as pessoas vêm falar comigo para saber o que Deus quer.	Acúmulo de funções, estresse
16 Quando duas pessoas têm uma questão, elas vêm falar comigo para que eu resolva quem está certo. E explico os mandamentos e as leis de Deus a todos.	Resolução de conflito, correção, direção

(continua)

Princípios bíblicos de gestão

(Quadro 2.2 – continuação)

Texto bíblico	Princípio aplicado
17 Então Jetro disse: — O que você está fazendo não está certo.	Análise, diagnóstico
18 Desse jeito você vai ficar cansado demais, e o povo também. Isso é muito trabalho para você fazer sozinho.	Avaliação do efeito em longo prazo
19 Agora escute o meu conselho, e Deus o ajudará. Está certo que você represente o povo diante de Deus e também que leve a ele os problemas deles.	Instrução, direção, representatividade, determinação de procedimentos
20 Você deve ensinar-lhes as leis de Deus e explicar o que devem fazer e como devem viver.	Capacitação, demonstração, delegação, qualificação, atribuição de responsabilidade
21 Mas você deve escolher alguns homens capazes e colocá-los como chefes do povo: chefes de mil, de cem, de cinquenta e de dez. Devem ser homens que temam a Deus, que mereçam confiança e que sejam honestos em tudo.	Liderança, cadeia de comando, seleção criteriosa
22 Serão eles que sempre julgarão as questões do povo. Os casos mais difíceis serão trazidos a você, mas os mais fáceis eles mesmos poderão resolver. Assim será melhor para você, pois eles o ajudarão nesse trabalho pesado.	Descentralização, avaliação, gestão compartilhada, gestão por exceção
23 Se você fizer isso, e se for essa a ordem de Deus, você não ficará cansado, e todas essas pessoas poderão ir para casa com as suas questões resolvidas.	Solução, esclarecimento de benefícios, sinergia

(Quadro 2.2 – conclusão)

Texto bíblico	Princípio aplicado
24 Moisés aceitou o conselho de Jetro.	Aconselhamento de carreira, consultoria, *coaching*
25 E escolheu homens capazes entre todos os israelitas. Ele os colocou como chefes de mil, de cem, de cinquenta e de dez.	Gestão e liderança compartilhada, seleção
26 Eles sempre julgaram as questões do povo, resolvendo as mais fáceis e trazendo para Moisés as mais difíceis.	Solução, desenvolvimento, avaliação, análise, gestão por exceção
27 Então Moisés se despediu de Jetro, e Jetro voltou para casa.	*Coaching*, missão cumprida

Fonte: Elaborado com base em Kessler; Câmara, 1987, p. 13-15.

Percebemos, então, que, embora esses princípios de gestão tenham sido definidos como tal apenas na modernidade, eles são universais e atemporais, pois sempre estiveram à mão dos diversos líderes ao longo da história. A observação deles, tanto por Moisés quanto por Jetro, ainda que de forma inconsciente, resultou na solução do problema do povo e de Moisés. Não há dúvidas, portanto, de que o gestor eclesiástico, independentemente da situação que esteja a sua frente, precisa conhecer, entender e aplicar os princípios bíblicos de gestão para que sua missão seja realizada de forma eficiente.

2.2.1 Gestores mencionados na Bíblia

O título desta seção merece uma explicação, afinal, é bom salientar que a Bíblia não apresenta a figura de gestores. Intencionalmente, ela apresenta pessoas escolhidas e usadas por Deus que, diante de situações que demandavam respostas ou intervenções, serviram de instrumentos para que o propósito divino se cumprisse. Mesmo que esse propósito fosse espiritual, a ação humana, nessas situações,

Princípios bíblicos de gestão

51

era necessária. O personagem bíblico que, em determinada ocasião, tornou-se um gestor, na verdade, agiu diante do chamado de Deus e, para isso, aplicou certas técnicas. Assim, podemos afirmar que a gestão, nesses casos, foi tratada de forma holística, pois envolveu o cuidado de pessoas, de situações, de interesses etc. Essa é uma das razões pelas quais o pastor ou o líder devem ter em mente a necessidade de um gerenciamento integral, visto que as diversas áreas de atuação, os variados conhecimentos e as complexas necessidades humanas se entrelaçam.

Se folhearmos as páginas da Bíblia, encontraremos diversos relatos de personagens que podem ser considerados verdadeiros gestores. Aliás, podemos afirmar, sem medo de errar, que **Deus é o primeiro gestor por excelência**, pois, quando olhamos para os primeiros capítulos das Escrituras Sagradas, percebemos que a Criação foi planejada e organizada, conforme o relato do livro do Gênesis (sobretudo nos capítulos 1 e 2). Além de Deus, podemos citar como gestores bíblicos:

- **Moisés** – Liderou e administrou o povo de Deus, que, ao sair do Egito, tornou-se uma nação. Sua gestão envolveu logística, coordenação e direção, entre outras habilidades.
- **Josué** – Foi treinado por Moisés e assumiu a liderança em um momento de crise, isto é, após a morte de seu mentor. Conseguiu cumprir sua missão seguindo a direção de Deus e as instruções de Moisés para que o povo de Israel conquistasse a terra prometida. Sua gestão envolveu liderança, planejamento e conquista.
- **Davi** – É considerado o grande rei da história de Israel. Entre outros aspectos, planejou seu reino de forma cautelosa, organizou a vida civil e militar de seu povo e administrou grandes projetos, a exemplo da formalização de Jerusalém como capital da nação e dos preparativos para a construção do Templo.

- **Salomão** – Ficou conhecido pela sabedoria na forma de gerir situações que envolviam o povo. Por outro lado, a Bíblia também relata os erros que ele cometeu, os quais, inclusive, por falta de alguns dos princípios de gestão, oneraram o povo com impostos pesados.
- **Daniel** – Foi escolhido para ajudar na gestão do Império Babilônico, pois, segundo a Bíblia, ele e seus companheiros eram jovens "instruídos em toda a sabedoria, doutos em ciência, versados no conhecimento e [...] competentes" (Daniel, 1: 4).
- **Neemias** – Percebeu uma necessidade, algo que precisava ser feito, e teve iniciativa e proatividade para fazê-lo. Acreditava em sua missão, tinha seus valores e deu a direção para que o povo exilado voltasse para sua casa e restaurasse sua nacionalidade. Foi planejador e realizador de grandes projetos. Estabeleceu uma cadeia de comando, liderou e dirigiu equipes, ordenou e organizou a sociedade e resistiu a grandes crises e dificuldades. Ficou conhecido como o grande gestor que reconstruiu os muros de Jerusalém e deu a ela segurança e estabilidade.
- **Jesus** – Numa perspectiva simplista, com enfoque na temática da gestão, podemos afirmar que Jesus foi um grande líder bíblico. Abriu mão de sua vida para cumprir sua missão, por mais dolorosa que fosse. Por meio de treinamento e instrução, formou líderes que continuaram sua missão, cujo sucesso é evidente com a criação da Igreja, da qual é o comandante por excelência. Mesmo sob crises e dificuldades, sua obra cresceu e ampliou fronteiras, tornando-se uma organização mundial.
- **Os discípulos de Jesus** – Entenderam a missão de Cristo e fortaleceram os princípios estabelecidos por ele, fundamentando as bases da igreja primitiva, definindo hierarquias, cargos e funções, gerindo seus recursos, contribuindo para que ela se espalhasse pelo mundo e cuidando do desenvolvimento de

Princípios bíblicos de gestão

seus seguidores. Foram verdadeiros líderes que influenciaram a humanidade, apesar de terem cometido algumas falhas, evidenciadas no relato bíblico.

Não há, no entanto, como nos aprofundarmos sobre a vida de cada um desses personagens. Além disso, eles são apenas parte do que a Bíblia registra. Jonh Calvin Maxwell, nos comentários da *Bíblia da liderança cristã* (Bíblia, 2013), apresenta diversas lições de homens e de mulheres que foram usados por Deus como verdadeiros líderes – e, por que não dizer, gestores – em situações que mudaram o rumo de pessoas ou de organizações. Por isso, constatamos o quanto um gestor firmado nos valores bíblicos pode fazer a diferença.

Embora tenhamos comentado sobre alguns personagens bíblicos que exerceram papéis de administradores, deixamos de mencionar – intencionalmente – uma importante figura que é reconhecida como grande gestor na narrativa bíblica. Kessler e Câmara (1987, p. 15) destacam que **José**, do Antigo Testamento, é um exemplo de alguém que utilizou "organização e técnicas administrativas" quando foi chefe do grande Império Egípcio. Na trajetória de José, que passou de escravo a governante do maior império da época, visualizamos algumas das qualidades que precedem uma adequada liderança.

Um dos aspectos que devemos ressaltar como um importante princípio de gestão demonstrado por José é a **especialização**. Numa ocasião extremamente delicada para o governante egípcio, José foi a única pessoa em todo o império capaz de interpretar os sonhos do faraó. Aliás, essa era sua área de especialização. Ele tinha experiência e conhecimento nesse assunto.

Quando analisamos o capítulo 41 do livro do Gênesis, entre os versículos 34 e 57, percebemos a presença de vários outros princípios importantes para a gestão. Aliás, nesse capítulo, em particular, são demonstradas a necessidade e o valor de um verdadeiro administrador, provando o quanto é importante que a liderança eclesial seja exercida por uma pessoa habilitada. O faraó era um dos homens mais poderosos da Terra e detinha completo domínio sobre o Egito. Entretanto, uma única pessoa conseguiu solucionar seu problema: José.

Indubitavelmente, evidencia-se que qualquer organização que deseja obter sucesso em seu desempenho e desenvolvimento deve prestar atenção na direção que pretende adotar. De início, é preciso estabelecer um conceito, uma ideia do que é desejado alcançar. O gestor surge como alguém que consegue, com habilidade, conhecimento e experiência, realizar essa tarefa.

Nessa perspectiva, destacamos outro princípio utilizado por José diante de sua desafiadora missão: o **planejamento**. José estabeleceu um plano de ação junto com os egípcios. De certa forma, esse plano envolveu recursos (financeiros, humanos, logísticos), métodos (procedimentos, técnicas) e propósito. Com meta e planejamento definidos, José partiu para a execução. De forma sábia, ele conseguiu prever o problema e as ações a serem desenvolvidas diante da situação que lhe foi apresentada (Gênesis, 41: 47-48).

Para Fayol (1981), a **prevenção** é outra das características necessárias para uma boa gestão. No caso de José, com o problema antecipado, foi possível direcionar as ações, mostrando o que deveria ser realizado a fim de que os objetivos fossem alcançados. Evidencia-se nesse contexto que os objetivos estavam determinados e que a forma para alcançá-los era a utilização de determinados processos comuns à gestão.

Para manter sua eficácia, José buscou ainda definir aspectos importantes em relação **à organização**, outro fator significativo em sua atuação. Ele procurou esclarecer tudo o que precisaria ser

Princípios bíblicos de gestão

feito, demonstrando a necessidade de **comando**, isto é, uma definição funcional, uma **direção**. Podemos perceber que o princípio da **hierarquia** estava também constituído da seguinte maneira (nesta ordem): faraó, José e povo. Três desses aspectos – organização, direção e comando – também são apontados por Fayol (1981) como pressupostos importantes para todo gestor.

Dessa maneira, as ações de dirigir e de orientar são muito importantes. A Bíblia relata que, em cada cidade, os líderes locais, coordenados por José, compreenderam sua responsabilidade em armazenar os alimentos que seriam utilizados caso um possível período de fome sobreviesse à Terra. Parece-nos, assim, que cada pessoa e cada líder sabia **o que** fazer, **quando** fazer, **como** fazer e **por que** fazer quando esse momento chegasse. Os gestores conheciam a realidade em quem viviam e sabiam o que era necessário realizar nessa situação. Quando a fome chegou, eles lideraram e direcionaram os egípcios a um mesmo objetivo, ou seja, suas ações foram coordenadas e envolveram sério trabalho logístico (Gênesis, 41: 46-49). A consequência, como sabemos, é o relato bíblico de que o que foi ajuntado superou as necessidades da nação a ponto de não se conseguir contar tudo (Gênesis, 41: 49). Diante desse fato, só podemos constatar que houve **controle**, outro aspecto destacado por Fayol (1981).

Sem dúvidas, portanto, José foi um grande gestor. Liderou baseado em vários princípios de gestão na busca de seus objetivos e o povo foi protegido da fome e da crise que assolou o Egito.

2.2.2 Dois modelos bíblicos de gestão

Como já explicamos anteriormente, a Bíblia não se propõe a ser um livro de história ou de qualquer outra ciência que não esteja de acordo com sua finalidade específica, isto é, apresentar Jesus Cristo como o Filho de Deus que veio ao mundo para salvar o ser humano da perdição (João, 20: 21).

Entretanto, como também mencionamos anteriormente, mesmo não sendo um livro de gestão nem tenha a intenção de apresentar modelos de administração, a Bíblia apresenta relatos de vida de todo tipo que possamos imaginar. Ela não se restringe a mostrar somente o lado correto ou bom das pessoas; pelo contrário, ela apresenta os acertos e os erros, as coisas boas e as coisas más dos seus personagens.

Para tanto, por vezes, a Bíblia usa linguagens específicas – no caso de Jesus, **exemplos** e **parábolas**. Os exemplos constituem um fato supostamente real para transmitir uma mensagem. As parábolas são relatos ficcionais que representam situações que ocorrem na vida da maioria das as pessoas em virtude de seu caráter universal. É por meio dessas histórias que Jesus apresenta dois modelos de gestão.

O Evangelho de Lucas registra o seguinte exemplo utilizado por Jesus:

> *Se um de vocês quer construir uma torre, primeiro senta e calcula quanto vai custar, para ver se o dinheiro dá. Se não fizer isso, ele consegue colocar os alicerces, mas não pode terminar a construção. Aí todos os que virem o que aconteceu vão caçoar dele, dizendo: "Este homem começou a construir, mas não pôde terminar!".* (Bíblia. Lucas, 2005, 14: 28-30)

Considerando o tema que estamos discutindo, o que aprendemos com esse exemplo? Em síntese, podemos perceber que, de forma simples e objetiva, Jesus fala acerca da necessidade de realização de algumas ações antes da execução de um empreendimento:

Princípios bíblicos de gestão

- Planejamento das atividades.
- Preparação de materiais.
- Avaliação de custos.
- Provisão de recursos.
- Prevenção de possíveis danos.
- Mitigação de prejuízos.

Perceba que de um simples e curto texto podemos extrair significativas lições positivas, as quais podem auxiliar qualquer gestor do nosso tempo. Por que esses mesmos princípios não poderiam, então, ser utilizados por todos aqueles que têm a séria missão de realizar a gestão da igreja?

E como age o mau gestor? Vejamos, agora, *A parábola do administrador desonesto*, pela qual Jesus dá uma lição de como o administrador **não** deve agir:

> *Jesus disse aos seus discípulos:*
>
> *— Havia um homem rico que tinha um administrador que cuidava dos seus bens. Foram dizer a esse homem que o administrador estava desperdiçando o dinheiro dele. Por isso ele o chamou e disse: 'Eu andei ouvindo umas coisas a respeito de você. Agora preste contas da sua administração porque você não pode mais continuar como meu administrador.'*
>
> *Aí o administrador pensou: "O patrão está me despedindo. E, agora, o que é que eu vou fazer? Não tenho forças para cavar a terra e tenho vergonha de pedir esmola. Ah! Já sei o que vou fazer... Assim, quando for mandado embora, terei amigos que me receberão nas suas casas."*
>
> *Então ele chamou todos os devedores do patrão e perguntou para o primeiro: "Quanto é que você está devendo para o meu patrão?"*
>
> *— "Cem barris de azeite!" — respondeu ele. O administrador disse:*

— *"Aqui está a sua conta. Sente-se e escreva cinquenta."*

— *E o patrão desse administrador desonesto o elogiou pela sua esperteza.*

(Bíblia. Lucas, 2005, 16: 1-8)

Se pensarmos somente com base no aspecto espiritual, essa parábola se torna de difícil compreensão, visto que, mesmo agindo com desonestidade, o administrador recebe um elogio por sua esperteza. De fato, contraditório e paradoxal. Entretanto, o que podemos aprender com essa história? Na verdade, ela evidencia o quanto um mau gestor pode ser astuto e desprezível. De acordo com Maxwell (Bíblia, 2013), essa parábola transmite algumas lições práticas (boas e ruins) sobre o ofício do administrador:

- Não usar a liderança em benefício próprio (versículo 1).
- Não esconder a realidade (versículos 1 e 2).
- Ser proativo para enfrentar problemas (versículo 3).
- Compreender a importância de seus relacionamentos (versículo 4).
- Exercer sua influência (versículos 4 e 5).
- Motivar os outros (versículos 5 a 7).

Entretanto, a maior lição que Jesus propaga é sobre o valor de se estabelecer uma liderança firmada em Deus (Bíblia. Lucas, 2005, 16: 8-10) e, como dissemos anteriormente, nos princípios normativos que a Bíblia define. Assim, nessa parábola, Jesus está recomendando que seus seguidores e, nesse caso específico, os administradores, sejam honestos e fiéis no uso dos recursos que lhes são confiados.

Princípios bíblicos de gestão

2.3 Jesus: líder e gestor

Jesus foi um grande líder que inspirou o mundo. Sua mensagem transformou a realidade de muitas pessoas. Mesmo sendo considerado o Salvador para aqueles que creem, Jesus deu significativos exemplos de que sabia gerir diversas situações. Por vezes, mesmo tendo o poder sobrenatural de realizar milagres, antes de usá-lo, ele procurou a ajuda de pessoas próximas, fortalecendo o trabalho em equipe, como podemos verificar nas seguintes narrativas bíblicas:

- A primeira multiplicação de pães e peixes (Marcos, 6: 30-44).
- A ressurreição de Lázaro (João, 11: 1-46).
- As bodas em Caná da Galileia (João, 2: 1-12).

Essas três histórias retratam situações desafiadoras, cujos desenrolares mostram que, para além da questão espiritual, Jesus também provocava perspectivas humanas.

No episódio da multiplicação de pães e peixes, por exemplo, Jesus pediu aos discípulos que buscassem uma solução para dar de comer à multidão que os acompanhava. Após alguns cálculos, os discípulos perceberam que não teriam dinheiro o suficiente para atender à solicitação de Jesus. Assim, Jesus organizou a repartição dos alimentos de que dispunham, estabelecendo grupos entre as pessoas da multidão e planejando a distribuição da refeição. Como consequência, cinco mil pessoas foram alimentadas.

Portanto, utilizando a moderna nomenclatura corporativa, podemos afirmar que Jesus é um *case* de sucesso quando pensamos em liderança e gestão. Por isso, mantendo a tradição de Jesus, as igrejas e os gestores atuais devem buscar em seu legado belos exemplos de como agir de forma correta, ética, eficiente e significativa.

Por ser obra de Jesus, a igreja cristã é um exemplo de projeto que se demonstrou persistente e, por isso, obteve êxito. Mesmo após dois mil anos de existência, sob constantes perigos, afrontas, desafios e inimigos, ela continua firme em seu propósito. É certo que, para tanto, precisou, por vezes, reciclar-se e contextualizar certas questões, mas, mesmo assim, continua crescendo e se fortalecendo.

2.4 O manual do gestor eclesiástico

Como pudemos perceber, a Bíblia é um livro especial para o estudo de conceitos e de práticas sobre a administração. O que atualmente conhecemos como *missão*, *visão*, *valores*, *metas*, *objetivos* e *normas*, entre outros aspectos que são considerados fundamentais para as organizações, já estavam bem presentes na Bíblia, às vezes de forma clara e objetiva, às vezes de forma implícita. Se os gestores conseguissem ler, aprender e praticar com regularidade os ensinos bíblicos e refletir sobre eles, teriam mais êxito em suas tarefas.

Quando falamos sobre o sucesso que muitos dos personagens bíblicos alcançaram, quase sempre o fazemos levando em conta a faceta espiritual de suas vidas e de suas ações. Sem negligenciar esse aspecto, entretanto, precisamos perceber que essas pessoas estavam preparadas para agir também como gestores. Como vimos, José é um exemplo de alguém que sabia o que, quando, como e por que fazer, usando vários princípios de gestão.

Princípios bíblicos de gestão

Infelizmente, notamos que muitas igrejas estão perdendo sua relevância na sociedade por falta de preparo de suas gestões ou, ainda, por falhas em sua execução. Uma igreja bem gerida, por um pastor que entenda e aplique os princípios administrativos, alicerça-se em local seguro, e isso se reflete espiritualmente, atraindo mais fiéis. Afinal, quem não gosta de participar de uma organização em que o planejamento, o senso de direção e o controle façam parte das ações cotidianas?

Síntese

Pelo fato de ser o livro fundamental para a vida do cristão, servindo como um manual para as ações e as decisões do dia a dia, a Bíblia também pode – e deve – ser utilizada pelos líderes cristãos na gestão de suas igrejas, pois oferece princípios universais de liderança.

Entre os diversos exemplos de personagens bíblicos que podem ser considerados verdadeiros gestores, destacamos José, que, de escravo, virou comandante do Egito. Ele e os outros líderes da Bíblia, principalmente os reis de Israel, por meio de processos de gestão, contribuíram de forma significativa não só para a obra de Deus, mas também para outras áreas da sociedade.

Considerando esses aspectos, não podemos deixar de mencionar que Jesus Cristo é o maior exemplo de líder para os cristãos. Pelo comportamento benevolente e pela forma de comunicar sua mensagem, ele atraiu vários seguidores e os fez continuarem sua missão, logo após sua partida, e ela espalhou-se elo mundo e continua viva ainda hoje, por meio das igrejas cristãs.

Atividades de autoavaliação

1. Sobre a relação entre a Bíblia e o cristão, marque a alternativa correta:

    a) A Bíblia é importante para o cristão porque ela se preocupa somente com as questões de fé, contemplando aspectos doutrinários da igreja cristã.

    b) A Bíblia é importante para o cristão porque ela apresenta conceitos de fé e de vida, contemplando também princípios importantes na área de gestão.

    c) A Bíblia não é importante para o cristão, pois é um livro que já foi ultrapassado na história e não é relevante na atualidade.

    d) A Bíblia não é importante para o cristão. Ela não fala de situações atuais e não contempla aspectos significativos na área de gestão.

2. Marque V para as afirmativas verdadeiras e F para as falsas:

    ( ) A finalidade básica de se utilizar os princípios de gestão nas igrejas é transformá-las em empresas, a fim de obter lucros e resultados financeiros.

    ( ) A finalidade básica de se utilizarem os princípios de gestão nas igrejas é proporcionar melhorias na organização, no planejamento e no cumprimento da missão dessas instituições.

    ( ) A finalidade básica de se utilizarem os princípios de gestão nas igrejas é desenvolver uma administração eficaz com base na Bíblia.

    ( ) A finalidade básica de se utilizarem os princípios de gestão nas igrejas é envolver as pessoas como numa engrenagem em busca de sucesso.

Princípios bíblicos de gestão

Agora, assinale a alternativa que apresenta a sequência correta:

a) F, V, V, V.
b) V, V, F, F.
c) F, V, V, F.
d) F, F, V, V.

3. Alguns dos personagens mais importantes na narrativa bíblica foram usados por Deus para gerir situações importantes na história do povo de Deus. Quem foram eles?
   a) Moisés, Josué, Davi e Salomão.
   b) Enoque, Kalebe, Acabe e Jeroboão.
   c) Ezequias, Esdras, Jacó e Paulo.
   d) Abraão, Ló, Roboão e Jeremias.

4. Sobre os princípios de gestão utilizados por José do Egito, marque V para as afirmativas verdadeiras e F para as falsas:
   ( ) Planejamento, prevenção e organização.
   ( ) Direção, comando e controle.
   ( ) Serviço, influência e análise.
   ( ) Desenvolvimento, localização e correção.

   Agora, assinale a alternativa que apresenta a sequência correta:

   a) F, V, F, F.
   b) V, V, F, F.
   c) V, F, F, F.
   d) F, F, V, V.

5. Jesus é considerado por muitas pessoas um grande líder da história da humanidade. Entre outros aspectos, destacamos a forma como ele estimulava o trabalho em equipe. Assinale a alternativa que apresenta duas situações nas quais Jesus agiu de forma a instigar o trabalho em equipe:

a) Crucificação e ressurreição.

b) Oração no Jardim do Getsêmani e julgamento no Cenáculo.

c) Sermão da Montanha e advertência aos fariseus.

d) Ressurreição de Lázaro e multiplicação de pães e peixes.

Atividades de aprendizagem

Questões para reflexão

1. A Bíblia, como livro sagrado do cristianismo, apresenta o plano de salvação para a humanidade. Entretanto, os cristãos poderiam utilizá-la em outras áreas da vida? Justifique sua resposta.

2. Podemos relacionar a necessidade de se realizar uma boa gestão e os ensinamentos da Bíblia? De que forma?

3. Apresente pelo menos três princípios de gestão que podemos encontrar nas narrativas bíblicas, demonstrando como foram utilizados no contexto bíblico.

4. Entre os diversos exemplos de personagens bíblicos que podem ser considerados verdadeiros gestores, qual mais chamou a sua atenção? Por quê?

5. Jesus foi um grande líder. Como sua ação e sua influência podem contribuir com os gestores na atualidade?

Atividade aplicada: prática

1. Procure um líder de sua igreja (pode ser o pastor ou um chefe de ministério ou departamento) e desenvolva com ele um diálogo sobre José, extraindo práticas de gestão importantes que foram utilizadas por ele no tempo em que foi governante do Egito.

Princípios bíblicos de gestão

capítulo três

Gestão administrativa e gestão jurídica

Quando refletimos sobre a necessidade de que as igrejas devem ser corretamente geridas, acreditamos que os desafios contemporâneos poderão ser superados e, assim, essas instituições exercerão sua missão com eficácia. Porém é comum, nessa reflexão, percebermos problemas que são corriqueiros nas igrejas e que podem causar frustração nas pessoas envolvidas se forem tratados de forma desorganizada e mal planejada. Além disso, há inúmeras outras situações que prejudicam o trabalho eclesiástico, porque não foram plenamente antecipadas ou porque muitas igrejas não se preocupam em atender às exigências legais às quais as organizações civis devem se submeter em nosso país.

Por isso, diante desses desafios, que podem ser amplificados conforme as características de cada igreja local, notamos a necessidade de avançarmos em princípios que contribuam para uma administração eficaz. Neste capítulo, portanto, vamos delinear aspectos de gestão que são importantes para a vida das igrejas: os **administrativos** e os **jurídicos e legais**.

3.1 Aspectos administrativos

Para realizarmos uma boa gestão eclesiástica, precisamos entender o que, de fato, ela é. Para tanto, devemos recorrer ao que dizem os especialistas no assunto.

James Arthur F. Stoner e Robert Edward Freeman (1999, p. 4) asseguram que "A administração é o processo de planejar, organizar, liderar e controlar os esforços realizados pelos membros da organização e o uso de todos os outros recursos organizacionais para alcançar os objetivos estabelecidos".

De forma semelhante, Chiavenato (2003), autor que é referencial teórico de excelência no campo da administração, ratifica e amplia o conceito de Stoner e Freeman (1999) quando diz que, para uma boa gestão, é necessário planejamento, organização, direção e controle com o propósito de buscar, por meios de determinados recursos, os objetivos estabelecidos. Assim, "a tarefa básica da Administração é a de fazer as coisas por meio de pessoas **de maneira eficiente e eficaz**" (Chiavenato, 2003, p. 5, grifo do original).

Como podemos perceber, o conceito de *administração* é bem amplo, porém, para além dessas concepções, podemos destacar dois termos-chave e estratégicos:

Gestão administrativa e gestão jurídica

Figura 3.1 – Gerenciamento e organização: termos-chave da administração

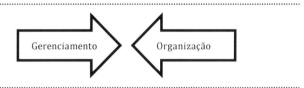

Podemos pressupor que a gestão é fundamental em qualquer organização que pretenda se desenvolver de forma adequada, segura e progressiva. As igrejas, obviamente, devem enquadrar-se nesse objetivo, pois elas têm seus propósitos definidos e precisam lutar e trabalhar para que eles sejam alcançados da melhor forma possível. Sem dúvidas, portanto, elas precisam ser gerenciadas e organizadas para que cumpram sua missão cabalmente.

Considerando os aspectos apresentados por Stoner e Freeman (1999) e Chiavenato (2003) sobre o que é *administrar*, vamos agora analisar como esses pressupostos são importantes na gestão de igrejas. Afinal, "é responsabilidade do administrador estabelecer objetivos organizacionais e desenvolver estratégias necessárias para alcançá-las" (Gaby; Gaby, 2013, p. 25). Ressaltamos que o único aspecto de que não trataremos neste momento é o *planejamento*, assunto a que dedicaremos um capítulo específico mais adiante.

3.1.1 Administrar é organizar

Stoner e Freeman (1999) e Chiavenato (2003) argumentam que administrar é um processo que envolve **organização**. O *Dicionário aberto* (Figueiredo, 2010) define o termo *organização* da seguinte forma: "Acto ou efeito de organizar. Estrutura. Disposição de alguma coisa para certo fim. [...] Constituição; instituição".

No campo da gestão, Chiavenato (2005, p. 24) entende que "Uma organização é um conjunto de pessoas que atuam juntas em uma criteriosa divisão de trabalho para alcançar um propósito comum".

Diante dessas definições e em relação direta com os pressupostos da administração, podemos entender que *organização* se trata de um método, uma disposição, um sistema utilizado para alcançar resultados almejados. De fato, a definição se fundamenta na maneira como os indivíduos se relacionam entre si por meio da ordenação, da classificação e da distribuição dos múltiplos dados envolvidos, com a perspectiva de alcançar um mesmo objetivo ou finalidade. Não significa uma atividade isolada, pois é uma ação coletiva pela qual são obtidos resultados que, individualmente, não seriam alcançados.

Gaby e Gaby (2013) contribuem significativamente para a compreensão da importância da organização como função administrativa nas igrejas. Para esses autores, esse aspecto trata da "composição da estrutura funcional da organização. A estrutura organizacional é a responsável por executar as atividades propostas. Na igreja isso está ligado à administração: diretoria, superintendências, departamentos, grupos de trabalho etc." (Gaby; Gaby, 2013, p. 26).

Assim, na gestão de igrejas, entendemos a *organização* como a unidade estabelecida por dois ou mais indivíduos que exercem suas funções de forma coordenada na busca de um objetivo coletivo, isto é, da própria igreja. Esse aspecto relaciona-se ao princípio bíblico da unidade do **corpo de Cristo**, que vimos anteriormente. Dessa maneira, a organização deve envolver, então, a divisão de tarefas e a atribuição de responsabilidades que abranjam a liderança da igreja bem como os diversos departamentos que nela existem e que devem cooperar para o bom funcionamento da organização no cumprimento de sua missão e de seus objetivos.

Antonio Vieira de Carvalho (2005, p. 41) reitera que a igreja deve tomar alguns cuidados, afinal, mesmo sendo necessário aplicar tais conceitos, deve-se lembrar que a igreja "é uma organização em movimento, dinâmica e sem fronteiras. A organização deve existir dentro da igreja numa escala equilibrada. Devem ser evitados tanto o excesso de organização, como sua falta traduzida em desordem administrativa e isolamento".

Apesar de soar contraditório, visto que incentivamos, nesta obra, a aplicação de dos princípios administrativos, o alerta de Carvalho (2005) é fundamentalmente importante porque as igrejas devem ser dirigidas pela vontade de Deus, por meio da Bíblia e com a direção do Espírito Santo. Elas devem estar sensíveis à voz do Espírito Santo sobre a direção que ele quer repassar, nem que, para isso, às vezes, elas tenham que flexibilizar um ou outro conceito.

Após essa ressalva, devemos compreender que a definição de *organização*, do ponto de vista administrativo, é reunir recursos financeiros, patrimoniais e humanos por meio de atividades e processos seguros, com o objetivo de alcançar resultados que são importantes para que determinada igreja continue avançando em sua missão.

3.1.2 Administrar é liderar

Para Stoner e Freeman (1999), **administrar é liderar**. De fato, é difícil acreditar que uma empresa, uma organização ou, em nosso caso, uma igreja poderá ser bem gerida se tal processo não for conduzido por verdadeiros líderes. Constatamos que, nas últimas décadas, o assunto **liderança** esteve no centro das atenções em eventos, congressos, treinamentos e produções de livros e filmes. Não há dúvidas, portanto, de que a liderança de uma organização é significativa para o futuro e a gestão de uma organização.

A definição do que é *ser líder* muda conforme mudam os costumes e as culturas. Hoje, vivemos uma realidade diferente daquela de décadas ou séculos passados. Não há mais espaço para o autoritarismo e a subordinação cega e irrestrita, principalmente nas igrejas, nas quais as pessoas trabalham, na maioria das vezes, como voluntárias. Por isso, na gestão das igrejas, é preciso que haja verdadeiros líderes.

Não obstante, Gaby e Gaby (2013, p. 18) alertam sobre uma questão: muitas igrejas erram porque "estão em busca de executivos da fé e não de líderes". O **líder** é aquele que incentiva as pessoas a ultrapassar seus limites e concretizar seus sonhos e planos por meio da transformação pessoal e coletiva (da própria organização). Um líder eficiente é aquele que as pessoas desejam seguir, não por obrigação, mas porque acreditam nele e comungam com ele dos mesmos propósitos. John Calvin Maxwell, reconhecido como um dos grandes influenciadores acerca do tema da liderança no mundo corporativo – e também cristão – ressalta:

> *Tudo gira em torno da liderança. Ela, na verdade, desenvolve-se de dentro para fora. Se **interiormente** você puder se tornar o líder que **deve** ser, será capaz de tornar-se **exteriormente** o líder que **deseja** ser. As pessoas desejarão segui-lo. E, quando isso acontecer, você será capaz de lidar com qualquer coisa neste mundo.* (Maxwell, 2000, p. 11, grifo do original)

Na perspectiva dos pressupostos necessários à administração, para Chiavenato (2004, p. 446), "A liderança é, de certa forma, um tipo de poder pessoal. Através da liderança uma pessoa influencia outras pessoas em função dos relacionamentos existentes". Já para Stoner e Freeman (1999, p. 344), "liderança é o processo de dirigir e influenciar as atividades relacionadas às tarefas dos membros de um grupo". Observando essas definições, podemos perceber alguns

Gestão administrativa e gestão jurídica

conceitos que se repetem: *influência, pessoas, relacionamento, atividade*. Líderes, portanto, influenciam pessoas para que, por meio do relacionamento entre elas, possam realizar atividades para atingir um objetivo.

Nesse sentido, Gaby e Gaby (2013, p. 19) têm razão quando afirmam que, para as igrejas atuais, "precisamos de líderes, de indivíduos que influenciem, ensinem e inspirem. Na liderança cristã não há lugar para executivos da fé". O fator técnico ou o conhecimento de um executivo são importantes, mas eles não podem ser substituídos por uma liderança sábia, ética e, acima de tudo, comprometida com o Reino de Deus e com a Igreja de Cristo.

3.1.3 Administrar é controlar

Para Stoner e Freeman (1999) e Chiavenato (2003), outro aspecto fundamental para a administração é o **controle**. Ele é importante porque evidencia se uma organização é eficiente. Assim, o controle demonstra se o planejamento realizado e a organização estabelecida proporcionam os resultados almejados. Por meio dessa atividade, é possível mensurar o êxito ou o fracasso de todos os procedimentos gerenciais realizados. Portanto, não há dúvidas de que o controle é basilar para verificar – e, se possível, confirmar – a eficiência e a eficácia da gestão. Nas palavras de Stoner e Freeman (1999, p. 7), portanto, "através da função de controlar, o administrador mantém a organização no caminho escolhido".

Mesmo considerando que a missão da igreja é espiritual, ela pode e deve realizar atividades bem planejadas que, por conseguinte, precisarão ser controladas, avaliadas e acompanhadas. Como a igreja não tem um dono humano (pelo menos, não deveria ter, pois seu dono é Jesus), ela precisa ser administrada por meio do controle exercido por uma equipe definida de trabalho ou por ações compartilhadas. Aliás, "a organização existe porque o trabalho numa igreja é demasiado para um só dirigente controlar. Por essa razão o Espírito Santo suscita líderes nas comunidades, os quais, juntamente com o pastor, somam cérebros, mãos e experiências para fazer a congregação funcionar plenamente" (Carvalho, 2005, p. 39).

Desse modo, por meio do controle, para a igreja, será mais fácil perceber se os processos planejados se desenvolveram de forma correta e o que precisa ser melhorado por meio de atos corretivos ou de novos direcionamentos.

3.1.4 Administrar é dar direção

Para Chiavenato (2003), **direção** é outro aspecto importante na administração, pois é por meio de sua realização que o gestor aponta o caminho e mostra o rumo para o qual a igreja deve voltar-se a fim que seja bem dirigida. Anteriormente, destacamos a importância do trabalho em equipe e de uma liderança compartilhada. Isso não exclui, entretanto, a necessidade de que o gestor tenha a palavra final sobre as decisões, mesmo após ouvir todas as sugestões de seus colegas de trabalho ou, como em nosso caso, de companheiros de ministério. Seja no aspecto espiritual, seja no aspecto administrativo, a direção deve ser dada pelo pastor ou pelo gestor definido pela igreja. Utilizando o sinônimo *comando*, Gaby e Gaby (2013, p. 26) afirmam o seguinte sobre *direção*:

> *É o ato de dirigir e orientar. No comando deve haver flexibilidade. Na igreja o pastor desempenha este papel. Embora nas decisões administrativas seculares, [sic] valorize-se de forma abrangente a participação*

Gestão administrativa e gestão jurídica

> de todos, não podemos perder o foco, pois se tratando de uma organização espiritual, a Igreja reconhece a autoridade de seu pastor sobre si. Isso não significa ditadura, mas submissão à autoridade estabelecida por Deus. O ato de comandar é dividido hierarquicamente, sendo assim, cada pessoa desenvolve a atividade e a função que lhe foi delegada.

Percebemos, então, que, por meio da direção, é possível tomar decisões, definir objetivos, estabelecer diretrizes, alocar recursos, planejar ações e conferir responsabilidades aos envolvidos no processo administrativo. Indo além, com a orientação adequada, é possível liderar a igreja, comunicar sua mensagem e incentivar os fiéis a aceitarem. Ao pastor ou ao líder gestor, cabe a responsabilidade de acompanhar e direcionar o processo em todas as suas etapas. Algumas certamente exigirão maior participação, outras nem tanto. Mas todas devem ter a direção por aquele que é o responsável direto pela boa condução da igreja. Dessa forma, o gestor concede as instruções necessárias para que a execução das ações ocorra dentro do que foi planejado e, assim, os resultados obtidos sejam satisfatórios.

Salientamos que os aspectos que abordamos até agora estão intrinsecamente relacionados e vinculados entre si. Para que haja controle das atividades realizadas nas igrejas, é necessário um trabalho conjunto, em equipe, mediado por uma gerência capacitada e definido por uma organização previamente estabelecida e competentemente dirigida. Assim, direção, organização, liderança e controle fazem parte de um processo que forja uma gestão adequada aos princípios bíblicos sem desconsiderar os requisitos administrativos básicos.

3.2 Gestão jurídica das igrejas

Um assunto com pouca reflexão e com pouco conteúdo produzido é a gestão jurídica das igrejas (Gerone, 2008). Isso é enormemente prejudicial, pois, infelizmente, constatamos inúmeras igrejas sem registro ou atuando na clandestinidade por falta de conhecimento ou por descuido. A Bíblia ensina que devemos respeitar as autoridades e nos submeter às leis do país (Mateus, 22: 21; Romanos, 13: 2-3; Tito, 3: 1). Portanto, assim como outras instituições, as igrejas devem atender à legislação que lhes cabe.

A gestão jurídica adequada, além da legalidade proporcionada, contribui para a adoção de práticas preventivas que garantam a continuidade e a legitimidade do cumprimento da missão da igreja, que é proclamar o Evangelho. Considerando que as igrejas, por um lado, devem ser percebidas de forma distinta de outros tipos de organização, como as empresas, e, por outro lado, apresentam uma característica peculiar, ainda que limitadamente, vamos pontuar alguns aspectos importantes da gestão jurídica de igreja.

3.2.1 Registro legal das igrejas

Boa parte dos líderes e dos pastores, sobretudo de rebanhos pequenos, não compreende a importância de sua igreja estar dentro da legalidade, simplesmente porque compreendem que só devem se preocupar com o lado espiritual da obra de Deus. Sem desprezar o que é fundamental, isto é, a pregação do Evangelho, as igrejas precisam, sem dúvida alguma, ser constituídas legalmente.

Perante a lei, por disposição legal contida no art. 44, inciso IV, do Código Civil – Lei n. 10.406, de 10 de janeiro de 2002 (Brasil, 2002) –, as igrejas enquadram-se como **organizações religiosas** (Nery Junior; Nery, 2011). Como tal, são caracterizadas pela confessionalidade,

Gestão administrativa e gestão jurídica

que se fundamenta na vivência e na propagação da fé com seus vieses ideológicos ou doutrinários. Na prática, pessoas se associam a essas instituições para, por meio de um sistema autorregulado, exteriorizar ritos decorrentes da fé que confessam. Juridicamente falando, as igrejas são pessoas jurídicas de direito privado sem fins lucrativos ou econômicos (Gerone, 2008).

O **registro de fundação** de uma organização religiosa no Brasil é relativamente simples, fato esse que desencadeou uma enxurrada de abertura de novas igrejas, principalmente desde a promulgação da Constituição Federal de 1988 (Brasil, 1988).

Gerone (2008) destaca que, inicialmente, é preciso documentar uma convocação de pessoas que estejam interessadas em participar, pelo menos, da fundação da organização ou que queiram dela fazer parte como membros ou líderes. Essa convocação é exigida por alguns cartórios, como os de registros civis de pessoas jurídicas, títulos e documentos da respectiva comarca onde se situa a sede da igreja, e até por alguns códigos de normas de amplitude estadual – muito embora essa exigência seja polêmica e até um tanto absurda, pois, se a organização ainda não existe no mundo jurídico, não há, consequentemente, previsão alguma de competência para quem quer que seja convocar o encontro.

A legislação brasileira não exige número mínimo de pessoas para compor a organização religiosa. Por isso, como se trata de uma pessoa jurídica, e levando-se em conta que o Código Civil se refere à existência obrigatória de uma diretoria (colegiado), presume-se, pela lógica, que o número mínimo seja de apenas dois interessados, os quais serão membros e, ao mesmo tempo, diretores. Nesse sentido, Taís Amorim de Andrade Piccinini (2015, p. 67) lembra que "esse grupo, então, geralmente é responsável pela organização de toda a estruturação da igreja, devendo elaborar o estatuto da igreja de modo a mensurar toda a forma de organização, englobando a área administrativa, financeira e eclesiástica".

Portanto, desse primeiro encontro, além da elaboração do **estatuto social**, deverá ser lavrada uma **ata**, impressa em duas ou três vias, na qual deverão ser registrados todos os fatos ocorridos durante a reunião e as decisões tomadas, em especial sobre a criação da organização, seu nome, o endereço da sede, com o respectivo CEP (código de endereçamento postal), a diretoria eleita (em geral, por aclamação), o tempo da gestão, a posse dos eleitos e a aprovação dos estatutos sociais. Os eleitos devem assinar a ata, a qual contará com um visto de um advogado, conforme exige o art. 1º, parágrafo 2º, da Lei n. 8.906, de 4 de julho de 1994 (Brasil, 1994).

O estatuto é algo muito importante, pois, conforme lembra Piccinini (2015, p. 68), ele "exerce o papel de um contrato social de uma empresa comercial. Portanto, ele deve representar o conjunto das regras que norteiam o funcionamento da instituição". Assim, o estatuto aprovado (normalmente em duas ou três vias originais), deverá conter o disposto no art. 46 e no art. 54 do Código Civil e no art. 120 da Lei de Registros Públicos – Lei n. 6.015, de 31 de dezembro de 1973 (Brasil, 1973) –, além de outras exigências complementares, normalmente constantes em códigos de normas.

Entre essas exigências, geralmente, estão: a denominação da igreja, os fins, a sede e o foro; o tempo de duração; os requisitos para admissão, demissão e exclusão dos membros; os direitos e os deveres dos membros; se os membros respondem ou não, subsidiariamente, pelas obrigações contraídas pela organização; as fontes de recursos para sua manutenção; o modo de constituição e funcionamento dos órgãos deliberativos; o modo pelo qual a organização será administrada e representada, ativa e passivamente, judicial e extrajudicialmente; o nome dos fundadores ou instituidores e dos membros da diretoria, provisória ou definitiva, com indicação da

Gestão administrativa e gestão jurídica

nacionalidade, estado civil e profissão, bem como o endereço residencial de cada um; a forma de gestão administrativa e de aprovação das respectivas contas; e, em caso de extinção, o destino de seu patrimônio, que deverá ser uma organização congênere.

Os fundadores da organização também devem observar a Lei de Registros Públicos, em especial os arts. 114 (inciso I), 115 e 120.

Além disso, cada estado da Federação conta com uma legislação própria denominada **Código de normas**, a qual regula, de forma complementares, a legislação nacional e o funcionamento dos ofícios, entre eles, o de registro de pessoas jurídicas, títulos e documentos competentes para o registro da organização. Essa competência se estabelece em função do endereço da sede e do foro da organização, sendo o ofício da respectiva comarca o competente para o registro. Nas comarcas em que há mais de um ofício competente, a ata de fundação e os estatutos devem ser levados a um cartório distribuidor para que este escolha, normalmente de forma eletrônica, qual dos cartórios será designado para efetuar o registro.

Com o estatuto aprovado, que, assim como a ata de fundação, precisará conter o visto de um advogado, deverá ser apresentado um requerimento ao cartório assinado pelo responsável pedindo o registro tanto da ata quanto do estatuto. Deverá ainda ser apresentada uma lista com a assinatura dos presentes na data de fundação e mais alguns documentos complementares que forem exigidos em virtude do código de normas de cada estado.

Como bem lembra Piccinini (2015), o estatuto vai reger o funcionamento geral da organização, pois os detalhes deverão ser elencados em um regimento interno a ser criado e aprovado posteriormente, o qual também deverá ser registrado no mesmo ofício ou poderá ser mantido em um arquivo próprio de registros e normas internas.

Ressaltamos que o estatuto e o regimento interno são leis internas regulamentadoras da gestão da organização e de observância obrigatória por todos os gestores e membros. Caso surjam situações não previstas no estatuto ou no regimento interno e que devem ser levadas ao Poder Judiciário, o magistrado vai lançar mão das regras pertinentes às associações e às fundações privadas, as quais estão previstas nos arts. 53 a 69 do Código Civil.

É importante ainda lembrarmos que, por força do disposto no parágrafo 1º do art. 44 do Código Civil, jamais poderá haver interferência estatal dentro das organizações religiosas quando estas cumprirem todas as obrigações legais e não forem palco de crimes, por exemplo. Nesse sentido, Piccinini (2015, p. 48) lembra que "o Código Civil hoje vislumbra a regulação das entidades religiosas como categoria específica das pessoas jurídicas, livres para exercerem sua organização, pois assim sua natureza pede".

A organização religiosa só passará a existir juridicamente após o registro no ofício competente, conforme dispõe o art. 119 da Lei de Registros Públicos e o art. 45 do Código Civil. Piccinini (2015) reitera que, em seguida ao registro, um contabilista deverá solicitar à Receita Federal do Brasil a inscrição da organização no Cadastro Nacional de Pessoas Jurídicas (CNPJ), conforme o art. 1º da Lei n. 4.503, de 30 de novembro de 1964 (Brasil, 1964). Além disso, deverá ser obtido alvará de funcionamento a ser emitido pelo município onde estiver localizada a organização. As exigências para isso variam de acordo com a legislação própria de cada cidade, mas normalmente são exigidas saídas de emergências, vagas de estacionamento, rampa para cadeirantes etc.

Finalmente, todas as alterações e adequações posteriores de cunho jurídico – por exemplo, reforma dos estatutos ou novas eleições da diretoria – deverão ser também registradas em ata e apresentadas para averbação no mesmo ofício em que foi feito o registro

Gestão administrativa e gestão jurídica

da organização. Por isso, a cada reunião realizada, deverá ser elaborada uma ata que relata as decisões ali tomadas (Piccinini, 2015) com as respectivas assinaturas da diretoria e o consequente registro em cartório.

3.2.2 Outras questões jurídicas

Além dos documentos legais que apresentamos na seção anterior, como o registro dos estatutos e da ata de fundação da igreja, destacamos ainda os seguintes documentos e aspectos que devem ser considerados na gestão jurídica das igrejas:

- **Abertura de filiais** – Para abrir novas congregações, deve haver deliberação em assembleia-geral. O líder da igreja deverá requerer um CNPJ e um alvará de funcionamento para cada filial.
- **Alvará de funcionamento** – Emitido pelo município onde a igreja terá sede. Piccinini (2015, p. 91) lembra que "há comarcas que dispensam alvará de funcionamento para igrejas. Mas, em geral, além dos requisitos específicos, a licença envolve apenas o Corpo de Bombeiros". Normalmente, essa avaliação ocorre por meio de um projeto de segurança, mas, como já falamos, cada município legisla sobre o assunto de forma específica.
- **CNPJ** – Possibilita o cumprimento das obrigações fiscais e contábeis acessórias.
- **Poluição sonora** – As igrejas devem se preocupar com a adequação acústica do local de reuniões para que o som emitido durante os cultos esteja dentro dos parâmetros legais para aquele local, evitando ajuizamento de ações contra a igreja ou abertura de inquérito policial. Cada município legisla sobre o limite sonoro. Como exemplo, hoje, na cidade de São Paulo, o limite de ruído é de 80 dB (decibéis) entre as sete e as vinte e duas horas.

- **Questões trabalhistas** – Esse assunto é amplo e contraditório (Piccinini, 2015). Em síntese, pastores e demais trabalhadores cuja função seja sacerdotal, religiosa ou espiritual não devem ser registrados em carteira de trabalho e previdência social (CTPS), visto não haver, "no aspecto trabalhista, a tipificação da função do pastor com subordinação à CLT[1]" (Piccinini, 2015, p. 128). Entretanto, a liderança deverá tomar o cuidado de firmar com cada uma das pessoas designadas para essas funções um contrato de trabalho religioso voluntário a fim de regrar as atividades que serão exercidas e prevenir litígios, principalmente trabalhistas. Cada um desses obreiros deve recolher sua própria contribuição previdenciária conforme estipulado pelo Instituto Nacional do Seguro Social (INSS), pois eles se equiparam a trabalhadores autônomos. Esses trabalhadores não recebem salários, mas prebendas ou, como se denominam as rendas eclesiásticas, *côngruas*, por meio de recibo de pagamento a autônomo (RPA). A igreja deve reter e tempestivamente repassar à Receita Federal os valores do Imposto de Renda (IR) do religioso. Nada deve ser retido a título de imposto sobre serviços (ISS), pois esses trabalhadores não exercem profissão regulamentada pelos incisos I a XXII da Lei Complementar n. 116, de 31 de julho de 2003 (Brasil, 2003), que estabelece as situações em que o ISS deve ser recolhido.
- **Realização de cerimônias** – Toda igreja, durante sua existência, realiza diversas cerimônias, que devem observar as leis vigentes no país, como o casamento, por exemplo. Por isso, além de enquadrarem-se nos requisitos da lei, é necessário que as

---

1   A Consolidação das Leis do Trabalho (CLT) regula os direitos e deveres de empregados e empregadores no Brasil e foi criada pelo Decreto-Lei n. 5.452, de 1º de maio de 1943 (Brasil, 1943).

igrejas tenham os registros de todas as cerimônias atualizados em arquivo ou livro próprio.

- **Regimento interno** – Apesar de não ser obrigatório, o regimento interno pode ser muito útil, pois se presta a dar detalhes do cumprimento de cada uma das normas do estatuto social, principalmente a respeito da posição teológica da igreja em cada assunto pertinente a sua vida e a de seus membros, os quais deverão tomar ciência dos posicionamentos que a igreja adota.

- **Registro de patrimônio** – Toda organização, ou, como é o caso, toda igreja, por mais simples que seja, possui patrimônio (bancos, cadeiras, púlpito, armários, computadores, instrumentos musicais, aparelhos de televisão etc.). Esse patrimônio é constituído por todos os bens adquiridos por meio de compra, doação ou outros meios. São exatamente esses bens, devidamente relacionados, que precisam ser identificados e registrados por meio de rubrica contábil própria.

- **Rol de membros** – Representa o grupo de indivíduos que pertence ou participa da igreja e, por esse motivo, pressupõe determinados procedimentos, comportamentos ou padrões a serem cumpridos. Por vezes, alguma igreja precisa vir a público informar se alguém (normalmente que tenha cometido algum crime ou ato desabonador) pertence ou não a ela. Em muitos casos, cabe a ela comprovar isso. Cada igreja tem suas regras específicas, definidas em estatuto ou regimento interno sobre esses assuntos.

- **Trabalhos voluntários** – Boa parte dos colaboradores das igrejas são voluntários, como músicos, recepcionistas de cultos, operadores de som etc. Para eles, a igreja precisa primeiramente firmar um contrato de trabalho voluntário. Além disso, é preciso não impor a esses voluntários um regime de atividades que se assemelhe a um vínculo trabalhista, sob pena de a igreja responder a demanda judicial – e com grandes chances de ser condenada a quitar verbas trabalhistas. Por isso, não deve haver imposição de jornada de trabalho, subordinação hierárquica jurídica, pagamento de salários e continuidade no serviço (a atuação do voluntário deve ser esporádica ou eventual, não podendo passar de dois dias na semana). Também não deve haver pessoalidade, ou seja, determinado serviço não deve ser sempre feito apenas e tão somente pelo mesmo voluntário.

- **Trabalhadores com outras funções** – Os trabalhadores que não exercem função sacerdotal devem ser todos registrados em CTPS e ter seus direitos trabalhistas assegurados, como, por exemplo, zeladores, vigias, secretários (com exceção de funções ou cargos de caráter ministerial estabelecidos em atas ou estatutos) etc.

- **Vistorias no imóvel** – É importante que os gestores observem as vistorias periódicas preventivas da estrutura do templo realizadas por engenheiro civil qualificado, a fim de manter o local conservado e adequá-lo às normas pertinentes exigidas não só pelo município mas também por leis federais, como é o caso do acesso para cadeirantes. O templo é um espaço público (não estatal) e qualquer dano sofrido por alguém em suas dependências poderá ser indenizado judicialmente; se for caso, o líder responsável poderá responder criminalmente. Piccinini (2015) reforça que a igreja deve regularizar o imóvel na prefeitura.

Certamente, existem outras questões que surgem cotidianamente na realidade de cada igreja. Para não correrem o risco de atuar na ilegalidade, por desconhecimento ou descuido, ressaltamos a importância de as igrejas terem apoio de profissionais especializados na área jurídica, como advogados, se possível, especializados na atuação do terceiro setor ou das organizações religiosas.

Síntese

Como qualquer outra instituição, as igrejas devem ser geridas de forma que seus propósitos sejam alcançados com sucesso. Por isso, os gestores eclesiásticos precisam seguir aspectos administrativos que lhes forneçam subsídios para facilitar suas lideranças, como a organização, o controle e a direção. Estes são itens que, se realizados de forma conjunta e eficaz, contribuem para a missão das igrejas em suas pregações do Evangelho.

Além disso, elas devem ser legalmente constituídas, respeitando as legislações aplicáveis a sua área de atuação e cumprindo as exigências pertinentes a sua constituição como organizações religiosas sem fins lucrativos. Assim, discorremos sobre a importância de cada igreja desenvolver uma gestão administrativa e jurídica que contemplem suas necessidades e especificidades, sem se esquecerem, no entanto, de cumprir os mandamentos divinos.

Atividades de autoavaliação

1. Segundo a definição de Stoner e Fremann (1999), entendemos que *administração* é:
   a) o processo que busca envolver as questões espirituais da igreja relacionadas a atividades como culto, música, pregação, estudos bíblicos e evangelização e Escola Bíblica Dominical.
   b) o processo que envolve análise, desenvolvimento, pesquisa e investigação de como estimular mais pessoas da sociedade a participar ativamente de todas as atividades da igreja.

c) o processo que envolve planejar, organizar, liderar e controlar os esforços realizados pelos membros da instituição e o uso de todos os recursos disponíveis para alcançar os objetivos estabelecidos.

d) o processo que envolve os estudos teológico, hermenêutico e exegético das Sagradas Escrituras e de outros livros importantes para a fé cristã, gerando uma gestão adequada dos recursos espirituais da igreja.

2. Considerando a importância dos termos-chave na administração, marque V para as afirmativas verdadeiras e F para as falsas:

( ) Desenvolvimento e logística.

( ) Análise e pesquisa.

( ) Gerenciamento e organização.

( ) Espiritualidade e estudo bíblico.

Agora, assinale a alterativa que apresenta a sequência correta:

a) F, F, F, F.

b) V, F, F, V.

c) V, V, F, F.

d) F, F, V, F.

3. Liderança é algo fundamental para qualquer gestor eclesiástico. Dessa forma, marque a alternativa que apresenta um dos significados sobre o que é *liderar*:

a) Liderar é controlar pessoas.

b) Liderar é influenciar pessoas.

c) Liderar é contratar pessoas.

d) Liderar é demitir pessoas.

Gestão administrativa e gestão jurídica

4. Sobre os vários aspectos que fundamentam a realização de uma boa e correta gestão jurídica nas igrejas, marque V para as afirmativas verdadeiras e F para as falsas:
   ( ) A gestão jurídica da igreja é importante para que o líder possa obedecer à Bíblia, que ensina a respeitar as autoridades.
   ( ) A gestão jurídica da igreja é importante para que o líder não cometa ilegalidades perante as leis do país.
   ( ) A gestão jurídica da igreja é importante para que o líder possa garantir a continuidade e a legitimidade do cumprimento da missão da igreja.
   ( ) A gestão jurídica da igreja não é importante, pois a igreja é instituição divina, e não humana.

   Agora, assinale a alterativa que apresenta a sequência correta:

   a) V, V, F, F.
   b) V, V, V, F.
   c) V, F, F, F.
   d) V, F, V, V.

5. Sobre a constituição legal das igrejas, assinale a alternativa correta:
   a) Perante as leis do país, a igreja é uma organização religiosa, sem fins lucrativos.
   b) Perante as leis do país, a igreja é constituída como uma empresa, com fins lucrativos.
   c) Perante as leis do país, a igreja é uma prestadora de serviços para a sociedade, sem fins lucrativos.
   d) Perante as leis do país, a igreja é uma instituição espiritual, sem fins lucrativos.

Atividades de aprendizagem

Questões para reflexão

1. Como podemos definir o que é *administração* e qual a importância dela na gestão de igrejas?

2. Quais são os dois termos-chave que podemos usar quando falamos sobre *administração*? Explique o que cada um deles significa.

3. No aspecto da liderança, o que é mais importante para a igreja: um bom líder técnico ou um bom líder cristão? Você acha que é possível que o líder tenha ambas as características? Por quê?

4. Por que é importante realizar o registro legal das igrejas?

5. Quais são os principais documentos necessários para realizar a abertura de uma igreja? Descreva brevemente cada um deles.

Atividade aplicada: prática

1. Procure ler, conhecer e analisar o estatuto de sua igreja com o objetivo de conhecer um pouco mais sobre a constituição e a funcionalidade jurídica e legal da organização da qual você participa.

capítulo quatro

Gestão de recursos

Sempre que abordamos as características de gestão, devemos levar em conta o contexto atual, pois as pessoas mudam, as sociedades mudam, as organizações mudam e as igrejas, por consequência, também mudam. Em nosso país, em particular, experimentamos inconstâncias na economia. As crises chegam, assustam e transformam muitas organizações. Algumas fecham, outras se mantêm com muita dificuldade e outras ainda conseguem se equilibrar e se reinventar em meio às turbulências. Nesse sentido, Macêdo et al. (2007, p. 17-18) lembram que, "Na maioria das vezes, as pessoas só se dão conta da avalanche de mudanças que ocorre no ambiente organizacional quando já estão sendo esmagadas por ela". É necessário, portanto, preparar-se para um gerenciamento adequado em meio a tantas mudanças e desafios que emergem, também, nos ambientes eclesiásticos. Neste capítulo, trataremos de alguns aspectos importantes da gestão de recursos nas igrejas.

4.1 Recursos humanos

No capítulo anterior, fizemos uma breve análise das relações de trabalho dentro das igrejas. Ficou bem claro, de acordo com Piccinini (2015), que, àqueles que exercem alguma função eclesiástica por vocação, como a atividade pastoral, não cabe o enquadramento de funcionário vinculado às normas da Consolidação das Leis do Trabalho (CLT). Em síntese, podemos afirmar – mesmo considerando o dilema[1] que o assunto apresenta – que **pastorado é vocação**, e não profissão. Isso não exclui o fato de que o pastor deve cumprir alguns requisitos que se assemelham aos dos trabalhos realizados por outros funcionários, inclusive de gestores de ambientes corporativos.

Outro aspecto diferencial nas igrejas é o trabalho voluntário. Existem muitas pessoas dedicando tempo e conhecimento no exercício de alguma função dentro das igrejas por amor à obra de Deus e por entender que devem participar de seu Reino com dedicação, trabalho e compromisso. Percebemos, então, que essas duas situações são díspares, mas constituem a realidade das igrejas.

Existem também aqueles que trabalham nas igrejas e que devem estar enquadrados nas disposições do regime de trabalho normatizado pela CLT. De fato, "as organizações que não visam lucro, como é o caso da Igreja, são tocadas em boa parte pelo trabalho voluntário de seus membros. Contudo, a comunidade cristã não pode abrir mão da valiosa cooperação, em tempo integral, de funcionários motivados, treinados e integrados ao seu trabalho" (Carvalho, 2005, p. 111).

---

1   Existem diferentes pontos de vista sobre esse assunto. Alguns pensam que o pastor é um funcionário da igreja, enquanto outros entendem que o pastor não deve ter vínculo empregatício, pois ele é um vocacionado por Deus para o ministério pastoral.

Gestão de recursos

Entre as funções que esses trabalhadores exercem, podemos citar: limpezas, vigilância, segurança, secretaria, administrativa etc. Obviamente, nem todas as igrejas têm condições de contar com todos esses serviços, afinal, não é fácil manter um quadro de funcionários diante dos poucos recursos de que dispõe a maioria das igrejas no Brasil. Com uma ou outra exceção, constatamos que há também a necessidade de que as igrejas tenham o devido cuidado com a gestão de funcionários, geralmente realizada pelo Departamento de Recursos Humanos (RH), seja para cuidar do quadro pastoral, seja para administrar a gama de funcionários que trabalham regularmente em suas dependências.

Quando falamos de RH, precisamos lembrar suas origens, no começo do século XX, após as grandes transformações provocadas pela Revolução Industrial. Essa área surgiu, de forma estratégica, para impedir ou para atenuar os conflitos existentes entre os interesses gerais das organizações e os interesses particulares dos indivíduos que trabalhavam nelas.

Há algumas décadas, a área era denominada *Administração de Pessoal* ou, ainda, *Departamento Pessoal*. Mas o conceito mudou, e o que antes fora criado para evitar conflitos passou a existir para atender aos requisitos da legislação trabalhista. Porém as mudanças não pararam por aí. Vivemos em tempos de grandes transformações, em que as pessoas passam a ser mais valorizadas, sendo necessário avançar ainda mais. Na atualidade, como bem lembra Araujo (2006), a área de recursos humanos surge para potencializar e atender às demandas da necessária excelência organizacional. Assim, o nome mais utilizado nas organizações para a área passou a ser *recursos humanos* ou *gestão de pessoas*, afinal, as pessoas são os recursos mais significativos para o êxito organizacional.

4.1.1 Gestão de pessoas

Uma apropriada gestão de pessoas, sem dúvida, faz a diferença na conquista de êxito pelas igrejas. Mesmo que o planejamento seja adequado, ele será inútil se as pessoas que trabalham nessas instituições não se sentirem valorizadas e motivadas, pois elas são o que essas organizações têm de mais importante para cumprir sua missão. Seguindo o modelo de Jesus, **as igrejas devem priorizar as pessoas, amá-las e cuidar delas**. Se elas se sentirem valorizadas, certamente seus trabalhos resultarão em crescimento para todos.

O reconhecimento e a valorização das pessoas podem ser realizados por meio de uma remuneração adequada e justa. Muitas igrejas não se preocupam com isso e pagam um valor irrisório a seus colaboradores. Porém é preciso, sem dúvida, equilíbrio nessa questão. Nesse sentido, Carvalho (2005, p. 111) adverte:

> *A administração de salários na igreja [ASI] constitui-se num aspecto fundamental para programar, implantar e acompanhar o sistema de remuneração eclesiástica. A ASI pode ser identificada como sendo o conjunto de atividades destinadas ao estabelecimento de um plano salarial na comunidade cristã. Mais que um simples enunciado organizacional, a ASI é uma filosofia operacional de princípios que objetivam a remuneração justa e imparcial dos ocupantes de cargos na igreja.*

Não obstante a justa remuneração ser um fator fundamental para valorizar as pessoas, ressaltamos que a autêntica motivação não decorre exclusivamente dos salários. É imprescindível que cada pessoa conheça sua importância, sua função, seu papel, seu objetivo e suas responsabilidades no trabalho que desenvolve na igreja. Em síntese, a pessoa deve saber o que a igreja espera dela e como ela pode contribuir para a instituição. Macêdo et al. (2007, p. 106), citando Bennis (1995), revelam que, "quanto maior for a

Gestão de recursos

compatibilidade entre os valores pessoais e a tarefa a ser desempenhada, mais forte será o comprometimento profissional".

O acompanhamento, e não só a cobrança, é necessário. Por isso, *feedbacks* sobre a atuação e o desempenho dos colaboradores são importantes – afinal, é por meio dessa análise que será possível avaliar os serviços, corrigi-los e melhorá-los, para que a instituição cresça e se desenvolva. Dessa maneira, as pessoas precisam não só ser informadas, mas também ouvidas.

Finalmente, cabe aos gestores proporcionar um ambiente de respeito mútuo na relação entre eles e os colaboradores para que os trabalhos sejam realizados em consonância com as diretrizes e com a missão das igrejas. Atualmente, as organizações vitoriosas não se limitam a administrar os recursos humanos ou a gerir as pessoas; elas realizam a liderança junto com as pessoas, isto é, adotam uma **gestão participativa**, em que todos podem – e devem – contribuir.

4.1.2 Funções do RH nas igrejas

Cada organização – e cada igreja – tem sua gestão de RH adequada a sua realidade e a sua especificidade. Entretanto, algumas tarefas são fundamentais a todas as instituições. Vejamos quais são elas, no contexto de uma igreja:

- Auxiliar e prestar serviços à instituição, à liderança (pastor ou gestor) e aos demais colaboradores.
- Delinear as responsabilidades que determinam cada função e cada local de trabalho, considerando as qualidades e os critérios mínimos exigidos para que as pessoas desempenhem suas atividades. Não basta ser membro da igreja nem amigo da liderança. Para Carvalho (2005, p. 91), a gestão de cargos nas

igrejas "é o primeiro fator a ser considerado na administração de recursos humanos".

- Avaliar o desempenho dos colaboradores, instigando o desenvolvimento de líderes.
- Realizar a seleção e o recrutamento de pessoas idôneas mediante a necessidade da igreja.
- Realizar capacitações por meio do desenvolvimento de programas, cursos, treinamentos e de qualquer outra atividade que proporcione o melhoramento dos colaboradores no exercício de suas funções.
- Contribuir para a solução de problemas que possam surgir nos relacionamentos interpessoais. Lembramos que esses problemas podem afetar até mesmo o relacionamento espiritual e fraterno entre as pessoas, caso sejam membros da igreja.
- Desenvolver e estimular a avaliação dos colaboradores por competências, habilidades e atitudes.
- Definir políticas e procedimentos de trabalho, sob constante revisão, para que os colaboradores tenham acesso ao que a igreja espera deles.
- Cumprir com as exigências legais, inclusive as pertinentes à CLT.

4.2 Recursos materiais e patrimoniais

Já dissertamos um pouco, no capítulo anterior, sobre as questões patrimoniais das igrejas. Na ocasião, ressaltamos a importância do devido registro dos bens da igreja. Agora, buscaremos ampliar o conceito, afinal, estamos falando dos bens e dos materiais que compõem o patrimônio de uma igreja.

Gestão de recursos

De forma simplificada, podemos afirmar que o bem patrimonial constitui tudo o que tem valor econômico ou simplesmente pode ser convertido em dinheiro para a organização. De acordo com Petrônio Garcia Martins e Paulo Renato Campos Alt (2006, p. 6), *patrimônio* "É um conjunto de bens, valores, direitos e obrigações de uma pessoa física ou jurídica que possa ser avaliado monetariamente e que seja utilizado na realização de seus objetivos sociais".

De forma mais específica, esses recursos abrangem normalmente o espaço físico (templo, prédios, casa pastoral, terreno, área administrativa etc.), os equipamentos e aparelhos (instrumentos musicais, computadores, bancos, cadeiras, púlpitos etc.), todos utilizados para que a igreja consiga cumprir sua missão. Nesse sentido, Gerson dos Santos (2012, p. 22, grifo nosso) reitera que "*bem* significa o elemento de que dispõe uma empresa, ou uma entidade para a obtenção de seus fins", e Martins (2002, p. 303) complementa que gestão desse material é importante para que se possa "conservar toda a construção e propriedades da igreja".

O patrimônio de uma igreja é adquirido sobretudo por meio de contribuições (doações, ofertas e dízimos). Por isso, é necessário tratar com seriedade a gestão patrimonial. Nas concepções teológica e bíblica, o dinheiro entregue por meio de contribuições pertence a Deus, e não aos homens; são, de fato, utilizados pelos homens e pelas igrejas, mas pertencem a Deus (Hebreus, 7: 8).

Ressaltamos, portanto, a importância de realizar-se um trabalho profissional observando critérios e requisitos exigentes e necessários, por meio da **doutrina da mordomia cristã**. Millard J. Erickson (2011, p. 130) entende que a mordomia é a "Administração cuidadosa dos recursos do reino de Deus confiados a uma pessoa ou a um grupo". Não há dúvidas, portanto, de que, sob os prismas teológico, bíblico e administrativo, a gestão patrimonial é fundamental para as igrejas.

Dessa forma, a gestão patrimonial pode ser concebida como o conjunto de procedimentos, métodos e processos que visam à administração, ao registro e ao controle dos bens de uma empresa, organização ou igreja. De acordo com Santos (2012), esses bens podem ser classificados em tangíveis, intangíveis, móveis e imóveis. Vejamos como Santos (2012, p. 23, grifo nosso) realiza tal classificação:

> **Bens Tangíveis** – *Aqueles que podem ser tocados em razão de possuírem substâncias ou massa material, correspondem também aos bens materiais e corpóreos (imóveis, veículos, mercadorias e etc.).*
>
> **Bens Intangíveis** – *Denominados também como bens imateriais e incorpóreos. São elementos que figuram no patrimônio das empresas e que não possuem um correspondente material para sua existência. O exemplo mais clássico para este caso é a aquisição de uma patente de invenção por uma indústria que deverá registrar esse valor em sua Imobilização Técnica Imaterial. Esse valor não terá correspondente material que o represente.*
>
> **Bens Móveis** – *Aqueles que podem ser deslocados sem alteração de sua forma. Geralmente constituem a maioria dos bens das organizações.*
>
> **Bens Imóveis** – *Aqueles que não podem ser deslocados, como terrenos, prédios, jazidas minerais (pertencem ao "ativo imobilizado").*

Assim, a gestão patrimonial, por meio de processos e procedimentos, pressupõe um controle que envolve planejamento e descrição de funções e de tarefas, abrangendo desde a compra ou aquisição até o destino final em relação à utilização de cada bem.

Santos (2012) e Martins e Alt (2006) resumem que a gestão patrimonial envolve:

- **Recebimento** – Momento em que ocorre a entrada do bem na organização.
- **Registro** – Cadastro de todo bem ou patrimônio da organização com um número ou código específico.
- **Identificação e emplacamento** – Documentação de todo bem (nos casos aplicáveis) por meio de emplacamento com o código anteriormente registrado.
- **Controle** – Atualização constante dos registros e das documentações de todos os bens que compõem a organização, por meio de sistema, programa, planilha etc. Trata-se do controle patrimonial.
- **Responsabilização** – Atribuição de responsabilidades às pessoas ou aos colaboradores envolvidos na utilização dos bens para o cumprimento de suas funções. O músico, por exemplo, deve cuidar de sua guitarra. Assim, é possível reduzir danos e desvios, entre outros problemas.
- **Inventário** – Relação dos bens. Deve ser feito pelo menos uma vez ao ano, pois mantém o controle atualizado e demonstra se houve crescimento no número de bens.
- **Depreciação** – Perda de valor inerente ao passar dos anos ou ao uso dos bens. É importante que as igrejas consigam acompanhar os processos de perda para não manterem bens que não são mais úteis ou que precisam ser atualizados em razão do crescimento e do desenvolvimento das instituições ou da evolução da tecnologia.

Visto que as igrejas certamente terão um patrimônio que precisa ser bem administrado, sob o risco de que o mau uso dos bens gere algum problema interno pela displicência no cuidado ou no uso de algo que foi adquirido com investimento financeiro, a gestão patrimonial eficiente deve procurar:

- Registrar os bens e as propriedades da igreja.
- Manter e conservar os bens.
- Cuidar dos aspectos de depreciação dos bens.

Existem alguns métodos para gerir o patrimônio de uma organização. Entre eles, destacamos um modelo simples e prático que qualquer igreja ou pessoa pode aplicar sem grandes dificuldades. Trata-se da ferramenta de gestão **5W1H**[2]. Esse modelo é desenvolvido com base em um *checklist* de tarefas a serem desenvolvidas pelos envolvidos que compõem a organização (Marshall Junior, 2008). Cada atividade é mapeada de forma objetiva, cada processo é padronizado e cada pessoa fica responsável por realizar uma tarefa específica, da seguinte forma:

- *What?* – O que precisa ser feito?
- *Why?* – Por que precisa ser feito?
- *Who?* – Quem fará ou quem é o responsável?
- *When?* – Em quanto tempo?
- *Where?* – Onde será feito?
- *How?* – Como será feito?

Todas essas etapas devem ser detalhadas em uma tabela (uma planilha do Excel, por exemplo). A Figura 4.1, a seguir, ilustra essa forma de as igrejas criarem ou melhorarem seu processo de gestão patrimonial.

2   O nome dessa ferramenta provém das iniciais das perguntas em inglês *what?* (o quê?), *who?* (quem), *when?* (quando), *where?* (onde?), *why?* (por quê?) e *how?* (como?). A sigla mais utilizada no mercado corporativo é 5W2H, mas, no caso das igrejas, especificamente, excluímos a letra "h", que se refere à expressão inglesa *how much?* (quanto custa?). Essa alteração é realizada para que a gestão patrimonial eclesiástica seja percebida de maneira objetiva a cada passo de seu desenvolvimento. Geralmente, os custos eclesiásticos são alocados de forma diferente à das empresas.

Gestão de recursos

Figura 4.1 – Metodologia 5W1H de gestão patrimonial

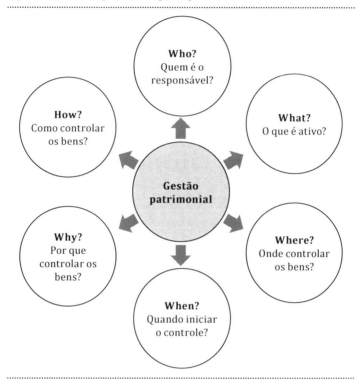

Fonte: Adaptado de Oda, 2011.

Portanto, como podemos perceber, a gestão patrimonial constitui uma tarefa importante nas igrejas para que haja um desenvolvimento da organização correto e equilibrado. Dessa forma, também, as igrejas estarão sendo obedientes a Deus, uma vez que lhes foi confiado o ministério da mordomia cristã, e cabe ao gestor prestar contas de sua administração (Lucas, 16: 2).

Dessa forma, esperamos que as igrejas se sintam estimuladas a procurar por profissionais especializados e qualificados para realizar um bom trabalho nessa área. Caso elas não consigam contratar alguém com esse perfil, é importante que invistam na formação de seus colaboradores, gestores ou voluntários, para que possam aprender ou aperfeiçoar os conhecimentos no assunto.

4.3 Recursos financeiros

Falar sobre gestão de recursos financeiros nas igrejas exige cautela e responsabilidade. Já advertimos sobre esse assunto, mas vale a pena relembrarmos que as igrejas não são organizações com fins lucrativos. Assim, elas existem para cumprir a missão evangelizadora, mas isso não exclui o fato de que, para cumprirem sua missão, elas precisam de recursos financeiros, os quais, como bem sabemos, advêm, em sua maioria, de doações, ofertas e dízimos dos fiéis.

Mais uma vez, reiteramos a importância da diligência e do temor a Deus, principalmente nessa área. As igrejas devem tomar cuidado para que os fins não justifiquem os meios, ou seja, o dinheiro passar a ser o centro de suas existências. Por vezes, infelizmente, igrejas ou líderes religiosos causam escândalo em razão da ganância e do enriquecimento ilícito obtido por meio de contribuições dos fiéis ou até mesmo oriundas de doações duvidosas. Sabemos que esse tipo de "líder" representa a minoria e que, na verdade, a maioria das igrejas e dos líderes sofre pela escassez dos recursos. Por isso, pastores e gestores devem ter consciência da responsabilidade que existe na tarefa de administrar corretamente os recursos financeiros. Aliás, nesse sentido, Carvalho (2005, p. 25) reitera que "o princípio da contribuição ou do dízimo deve permear toda a igreja como um fator de aferição de sua saúde espiritual".

De acordo com Lawrence J. Gitman (1997), a função da gestão de recursos financeiros é criar mecanismos de análise e de controle a fim de dirigir as melhores e mais adequadas tomadas de decisão,

Gestão de recursos

que, por conseguinte, proporcionarão a saúde e o equilíbrio financeiros necessários à instituição. Assim, as igrejas não serão prejudicadas no cumprimento de sua missão. Nesse sentido, "toda igreja deve estabelecer um sistema que regule a participação dos crentes na sua vida financeira. O assentamento de todo o movimento bem como a apresentação de relatórios, exime de quaisquer dúvidas os responsáveis pela guarda do tesouro da Casa do Senhor" (Kessler; Câmara, 1987, p. 132).

Os recursos financeiros representam o dinheiro disponível com base na variação do fluxo de caixa da instituição. Dessa forma, a gestão de recursos financeiros de uma igreja resume-se à administração correta, planejada e sistemática das entradas e das saídas monetárias provenientes das contribuições realizadas pelos fiéis. Por meio dessa ferramenta, demonstram-se e comprovam-se os movimentos de entrada e de saída de dinheiro, a arrecadação e os gastos, os investimentos e as despesas. Conforme Martins (2002) e Kessler e Câmara (1987), apresentamos a seguir um **modelo de fluxo de caixa** usando exemplos de várias igrejas. Lembramos, porém, que cada igreja tem sua especificidade e o modelo pode ser adaptado.

....

- **Entradas**
    - Dízimos
    - Ofertas missionárias
    - Ofertas para construção
    - Ofertas para ação social
    - Outras entradas

  Total de entradas

- **Saídas**
  - Contas de consumo (água, luz, telefone)
  - Prebendas ou ajudas de custo para obreiros
  - Programas de evangelização
  - Aluguéis
  - Reformas ou construções
  - Contribuições para a convenção ou sede
  - Recolhimento de contribuição previdenciária (INSS) dos obreiros
  - Salários de funcionários
  - Assistência social
  - *Marketing* e propaganda
  - Despesas com impressos (boletins, convites, jornais etc.)
  - Material de escritório
  - Correio
  - Manutenção do patrimônio
  - Impostos ou seguros (caso se apliquem)
  - Compra de equipamentos
  - Sustento de missionários
  - Plano de saúde para funcionários e pastores
  - Aquisição de materiais (bíblia, hinários, revistas da Escola Bíblica Dominical etc.)
  - Transporte
  - Combustível
  - Advogados e contadores
  - **Total de saídas**

- **Total**
  - Total de entradas:
  - Total de saídas:
  - **Saldo em caixa:**

Aqui, uma ressalva é necessária, ainda mais em se tratando de gestão de igrejas, em que o trabalho é normalmente realizado por amadores ou voluntários. Não podemos confundir *recursos financeiros* com *recursos econômicos*. Apesar de semelhantes, uma igreja pode estar com boa condição econômica (possuindo imóveis, comprando equipamentos ou realizando investimentos), mas, concomitantemente, estar sem dinheiro em caixa para honrar com seus compromissos (realizando muitas despesas, pagando altos salários etc.).

A boa gestão dos recursos financeiros é importante porque, com ela, as igrejas podem analisar, decidir e agir nas diversas áreas de acordo com os recursos necessários e disponíveis para cumprirem sua missão. Para tanto, a elaboração de um planejamento orçamentário[3] é fundamental. Por meio dele, a arrecadação, as despesas e os custos nortearão a saúde financeira e o possível desenvolvimento da instituição. Afinal, é muito difícil realizar a obra de Deus com escassez de recursos ou com prejuízo financeiro.

Concluímos o assunto apresentando algumas dicas importantes ao gestor financeiro:

- Defina as prioridades.
- Calcule corretamente os gastos e as despesas.
- Não conte com o dinheiro antes de ele realmente entrar no caixa da igreja.
- Não faça planos sem ter o dinheiro; assim, você colocará um peso nas costas dos membros da igreja com apelos para pagar as contas.

---

3 O *planejamento orçamentário* se refere a uma ação estratégica com o intuito de realizar a gestão financeira em certo período ou exercício, por meio do cálculo proveniente entre a arrecadação (receitas) e as despesas. Trata-se, portanto, de uma prospecção de entradas e saídas dos recursos financeiros.

- Seja responsável com o dinheiro da igreja: ele não pertence a você.
- Elabore um plano orçamentário.
- Preste contas de forma transparente, com métodos seguros que comprovem os gastos e demonstrem as entradas de recursos.

4.4 Gestão contábil

A contabilidade é, sem dúvida, uma das atividades necessárias mais desafiadoras para uma boa gestão eclesiástica. De acordo com Hilário Franco (1997, p. 21):

> A Contabilidade é a ciência que estuda os fenômenos ocorridos no patrimônio das entidades, mediante o registro, a classificação, a demonstração expositiva, a análise e a interpretação desses fatos, com o fim de oferecer informações e orientação necessárias à tomada de decisões sobre a composição do patrimônio, suas variações e o resultado econômico decorrente da gestão da riqueza patrimonial.

Diante da complexidade do processo contábil, evidenciamos que ele deve ser realizado por pessoas qualificadas e especializadas na área, pois exige determinado conhecimento que somente aqueles que trabalham na área podem ter. Tal fato não exclui, entretanto, sua necessidade nas igrejas. De forma equivocada, alguns entendem que as igrejas, pelo fato de terem imunidade em relação ao Imposto de Renda (IR), estariam, consequentemente, desobrigadas de realizar os procedimentos contábeis, o que é um engano. Não resta dúvidas de que as igrejas precisam ter sua área contábil em dia e atendendo às disposições legais para cumprirem a finalidade definida pelo Código Civil – Lei n. 10.406, de 10 de janeiro de 2002 (Brasil, 2002) – como *organizações religiosas*. Aliás, essa

Gestão de recursos 107

é uma necessidade até mesmo para que as igrejas conservem o direito adquirido em relação à imunidade diante do fisco federal.

Como anteriormente não havia uma fiscalização significativa, muitas igrejas não realizavam a contabilidade, entregando à Receita Federal somente a *declaração de imposto de pessoa jurídica*. Entretanto, a partir de janeiro de 2014, a situação se alterou. Por meio da Instrução Normativa RFB n. 1.420, de 19 de dezembro de 2013 (Brasil, 2013), a Receita Federal passou a exigir que as organizações sem fins lucrativos, em que se incluem as igrejas, adotem a *escrituração contábil digital* (ECD). Essa escrituação, que deve ser transmitida (por meio do programa Sped – Sistema Público de Escrituração Digital) à Receita Federal, apreende todas as informações contábeis da igreja. Caso não cumpram o determinado nessa instrução normativa, as igrejas estarão sujeitas às penalidades previstas na legislação.

Além dessa normativa, a Lei n. 5.172, de 25 de outubro de 1966 (Brasil, 1966) estabeleceu o Código Tributário Nacional, do qual o art. 14, inciso II, indica às organizações sem fins lucrativos que observem as seguintes regras (Brasil, 2012):

- Não devem distribuir nenhuma parcela de seu patrimônio ou de sua arrecadação, a qualquer título.
- Devem aplicar seus recursos de forma integral somente no Brasil, sob a finalidade do cumprimento de sua missão e de seu objetivo.
- Devem manter a escrituração das entradas e das despesas em livros próprios de modo que seja possível garantir a rigorosidade das informações.

Além cumprir as obrigatoriedades, os gestores das igrejas devem ter consciência de que a contabilidade é uma ferramenta importante "no processo decisório das organizações" (Limeira et al., 2006, p. 11), apresentando dados importantes e úteis que possam auxiliar a administração. Ademais, a gestão contábil nas igrejas é fundamental e imprescindível porque contribui para a prestação de contas aos respectivos membros da instituição, concedendo mais transparência aos processos executados.

Para concluir essa seção e facilitar e ampliar o conhecimento, transcrevemos a seguir uma entrevista com Geneci Cardoso Bueno[4] (2008), realizada pelo Instituto Jetro (www.institutojetro.com), uma organização de auxílio à gestão de igrejas:

O que é um plano de contas e por que todas as igrejas, independente do porte, devem ter um?

Geneci – Plano de contas é o conjunto de contas, elaborado previamente, que direciona os trabalhos contábeis na classificação dos fatos ocorridos na instituição. Serve também como parâmetro para elaboração das demonstrações contábeis, de forma organizada. O plano de contas deve ser elaborado de forma a atender as [sic] necessidades de informações aos usuários internos (administração, liderança, membros), estar de acordo com os princípios contábeis e atender a [sic] fiscalização.

Quem faz o plano de contas? Toda igreja precisa de um contador?

Geneci – Somente um contador pode elaborar o plano de contas, por ser uma atividade técnica específica. No entanto, para a utilização do plano de contas e os lançamentos contábeis é largamente utilizado um auxiliar, cujo trabalho é revisado semanalmente ou mensalmente pelo contador. A necessidade do contador é indispensável para o cumprimento das obrigações fiscais, trabalhistas e tributárias. Tenho visto igrejas que

---

4 Geneci Cardoso Bueno é bacharel em Ciências Contábeis com pós-graduação em Administração Financeira e Contábil. Tem larga experiência em contabilidade e auditoria em igrejas.

Gestão de recursos

tem [sic] um contador por um período de 2 horas semanais, para os trabalhos específicos. Outra forma é a contratação de escritório contábil.

Como os documentos devem ser separados, classificados e guardados?

Geneci – *A forma mais correta e usual na contabilidade é: primeiro a cronológica - ano, mês, dia, depois a da disponibilidade -primeiro as entradas de caixa, depósitos em bancos, etc., na sequência do plano de contas. Os lançamentos podem ser numerados para facilitar a localização. Os arquivos podem ser numerados, dependendo do volume de documentos, com utilização de pastas, caixas-arquivo e identificados cronologicamente. Precisamos citar a importância da guarda dos documentos, uma vez que a legislação exige os últimos 5 anos, que passamos a contar a partir da entrega da declaração, ou seja: 2008 será entregue em 2009, deve ser guardada até 2014.*

Qual seria a relação do pastor da igreja com a contabilidade? Ele deve se envolver? Deve revisar?

Geneci – *Todos os assuntos em relação à igreja devem ser de conhecimento do pastor. Isso não significa que ele deva participar de reuniões para definições de detalhes, ou para destinação de verbas cujas alçadas são do próprio corpo administrativo. Mas ele deve conhecer o todo, inclusive revisando, sim, questionando quando for o caso e entendendo a realidade dos fatos registrados. Afinal de contas, em grande parte das igrejas, o pastor é quem assina pela igreja e é responsável junto com o contador pelas informações às autoridades fiscais.*

E a questão de um conselho fiscal? Como funciona?

Geneci – *O Conselho Fiscal é órgão fiscalizador da gestão administrativa, com o fim de preservar o cumprimento do objetivo – visão, missão*

e valores – da instituição. Ele age supervisionando a administração, questionando e solicitando esclarecimentos sempre que lhe convier.

De que forma o plano de contas ajuda no princípio da transparência?

Geneci *– Imagine alguém te prestar contas mostrando apenas algo assim: Despesas gerais: R$ 11.000. É até engraçado pensar. O plano de contas segrega os fatos que aconteceram na igreja que envolveram valores. Todos os recebimentos, pagamentos, compras, com suas destinações são demonstrados por meio do plano de contas. Gastos separados por ministérios, finalidades como evangelização, eventos, é [sic] bem mais transparente. Inclusive para quem não é da área contábil, a apresentação especialmente de receitas e despesas é bem compreensível e satisfatória.*

Qual o papel da contabilidade dentro do contexto maior da gestão de uma igreja?

Geneci *– Sempre que falamos em contabilidade estamos nos referindo ao registro dos fatos ocorridos. O papel da contabilidade é de mostrar os registros desses fatos, organizadamente, por meio de demonstrativos e relatórios, de maneira que satisfaça a necessidade de informações. A grande diferença que vemos no contexto de gestão é a utilização desses demonstrativos. Quanto maior for a necessidade de informações, mais útil será a contabilidade.* (Bueno, 2008, grifo do original)

Pelas respostas da entrevistada, percebemos a importância da gestão contábil nas igrejas e a seriedade com que ela deve ser tratada, de acordo com os pressupostos de administração que abordamos nos capítulos anteriores.

Gestão de recursos

111

Síntese

Neste capítulo, constatamos a importância do controle de recursos nas igrejas por meio da administração de pessoas, de recursos materiais e patrimoniais, de recursos financeiros e da gestão contábil. A análise focalizou, especialmente, a otimização e o aumento desses recursos organizacionais no dia a dia das igrejas. O controle de recursos, nessa perspectiva, procura viabilizar e estruturar a direção eclesiástica a fim de que a igreja cumpra sua missão de forma profícua. Por outro lado, também permite a consolidação e o desenvolvimento nas áreas envolvidas, dando mais segurança aos gestores e à própria igreja, no sentido de que a organização está sendo bem gerida.

Atividades de autoavaliação

1. Considerando que o trabalho numa igreja tem certas especificidades, marque a alternativa que apresenta tarefas que precisam ser analisadas de forma diferente à regida pelas leis trabalhistas:
   a) Secretaria e tesouraria.
   b) Pastoreio e voluntariado.
   c) Segurança e recepção.
   d) Zeladoria e portaria.

2. Analise o enunciado a seguir e marque V para as afirmativas verdadeiras e F para as falsas:

   Seguindo os princípios norteadores de Jesus, a gestão de pessoas numa igreja deve priorizar que tipo de ação?

( ) Valorização e motivação das pessoas em seu trabalho eclesial.

( ) Cuidado e amor às pessoas que se dedicam à obra de Deus.

( ) Reconhecimento da importância do trabalho com remuneração adequada.

( ) Esperança de que todos trabalhem voluntariamente, sem remuneração.

Agora, assinale a alterativa que apresenta a sequência correta:

a) F, V, F, F.
b) V, V, F, V.
c) F, V, F, F.
d) V, V, V, F.

3. Por que é importante realizar uma boa gestão patrimonial nas igrejas?

   a) Porque as igrejas precisam investir em imóveis para aumentar seus patrimônios e suas riquezas.

   b) Porque as igrejas precisam construir grandes e belos templos como sinal de grande prosperidade material.

   c) Porque as igrejas precisam administrar seus patrimônios com responsabilidade e sob a perspectiva da mordomia cristã.

   d) Porque as igrejas precisam lucrar com o patrimônio construído, gerando recursos que aumentem seus poderes financeiros.

4. Marque V para as afirmativas verdadeiras e F para as falsas:

   ( ) A gestão dos recursos financeiros das igrejas é importante porque seus líderes precisam de dinheiro.

   ( ) A gestão dos recursos financeiros das igrejas é importante porque elas devem ser diligentes e tementes a Deus.

Gestão de recursos

( ) A gestão dos recursos financeiros das igrejas é importante porque elas devem arrecadar muito dinheiro.

( ) A gestão dos recursos financeiros das igrejas é importante porque cria mecanismos de análise e de controle.

Agora, assinale a alternativa que apresenta a sequência correta:

a) F, V, F, V.
b) V, V, F, V.
c) V, F, F, F.
d) F, F, F, V.

5. Considerando a importância da gestão contábil nas igrejas, assinale a alternativa correta:

a) Ela é importante porque contribui para a prestação de contas aos membros da igreja e concede mais transparência aos processos executados.

b) Ela é importante, mas não é imprescindível, pois as igrejas podem continuar sua missão sem esse tipo de gestão.

c) Ela é importante para empresas que têm fins lucrativos, e não para igrejas, que não têm fins lucrativos.

d) Ela é importante porque apresenta um relatório espiritual da igreja, com demonstrações do quanto a igreja cresceu em quantidade de pessoas e em arrecadação.

Atividades de aprendizagem

Questões para reflexão

1. Por que é importante que a igreja realize uma boa gestão dos vários recursos de que dispõe? Apresente pelo menos uma justificativa espiritual (bíblica) e uma profissional.

2. Qual é a importância da gestão de recursos humanos na igreja? Ela envolve a liderança, os colaboradores ou ambos? Comente sobre isso.

3. O que é *gestão patrimonial* e como ela se aplica às igrejas?

4. Discorra sobre a importância da gestão financeira nas igrejas com base no pressuposto bíblico que aparece na Epístola aos Hebreus:

    Não há dúvida de que aquele que abençoa é mais importante do que aquele que é abençoado. No caso dos sacerdotes, a décima parte é recebida por homens que um dia vão morrer. Mas, no caso de Melquisedeque, como dizem as Escrituras Sagradas, a décima parte foi recebida por alguém que continua vivo. (Bíblia. Hebreus, 2005, 7: 7-8)

5. Em que sentido a gestão contábil pode contribuir para a gestão de igrejas?

Atividade aplicada: prática

1. Você já pensou sobre qual é a finalidade do fluxo de caixa? Descreva seu propósito e, em um texto explicativo, procure adaptar sua resposta à realidade das igrejas, indicando alguns exemplos de como o fluxo de caixa pode ser utilizado nessas instituições.

Gestão de recursos

capítulo cinco
Planejamento estratégico e qualidade

Planejamento estratégico e **qualidade** são dois aspectos importantíssimos para uma igreja que procura crescer, desenvolver-se e ser relevante nos tempos atuais. Por isso, nosso estudo não pode deixar de abordar esses temas. Devemos reconhecer que boa parte do trabalho realizado nas igrejas ocorre por meio de pessoas que voluntariamente dedicam tempo e recursos para fazê-lo. Isso é bom, sem dúvida. Aliás, as igrejas são algumas das poucas organizações que conseguem agregar tantas pessoas envolvidas com a mesma missão.

Considerando esse contexto, constatamos que, por vezes, diante do trabalho voluntário e leigo, as igrejas correm o risco de não se planejarem e, mais ainda, de não realizarem um trabalho com a qualidade necessária. Assim, neste capítulo, ainda que limitadamente, vamos discutir esses dois conceitos fundamentais para uma boa gestão eclesiástica.

5.1 Planejamento estratégico para igrejas

O planejamento estratégico (PE), como uma ferramenta importante para a gestão das organizações, surgiu entre as décadas de 1960 e 1970. Segundo Philip Kotler (1992, p. 63), um dos grandes incentivadores do uso dessa ferramenta, "O planejamento estratégico é definido como o processo gerencial de desenvolver e manter uma adequação razoável entre os objetivos e recursos da empresa e as mudanças e oportunidades de mercado". Ele é indispensável na gestão atual porque "é uma metodologia gerencial que permite estabelecer a direção a ser seguida pela Organização, visando maior grau de interação com o ambiente" (Kotler, 1975, p. 72).

Obviamente, Kotler, ao definir e analisar o PE, tinha como perspectiva a realidade das empresas e das organizações seculares. Adequando as definições de Kotler à realidade das igrejas, poderíamos entender que o PE se dá pelo processo de gestão, que procura desenvolver, dirigir e manter uma harmonia entre os objetivos da instituição, os recursos de que ela dispõe e o contexto com o qual ela se relaciona. Por isso, em relação às igrejas, "planejar estrategicamente é um processo dinâmico. Implica saber o que Deus quer fazer numa comunidade ou região, através da revelação do Espírito Santo, e acrescentar a isto a tomada de decisões por um grupo de líderes, para tornar a visão palpável, realizável e envolvente" (Campanhã, 2013, p. 8).

Gaby e Gaby (2013, p. 45-46), por sua vez, afirmam que "o planejamento deve ser global, envolvendo todas as áreas da igreja". Em síntese, portanto, como as igrejas podem planejar suas ações, com os recursos de que dispõem, para cumprir sua missão de evangelização no mundo atual?

> *O texto de apoio central para a implantação e acompanhamento de um PE na igreja está, como não poderia deixar de ser, nas Escrituras Sagradas. Elas têm tudo a nos dizer e a ensinar sobre a viabilidade ou não de um PE em nossa comunidade de fé. Abrindo sua Bíblia [...] nas duas narrativas sobre a Criação (Gn 1.1-2.4 e Gn 2.4b-25) [...] há, em ambas, uma sequência das ações de Deus que evidenciam um planejamento estratégico do Criador em relação à criatura, o homem.*
> (Carvalho, 2005, p. 20)

Poderíamos afirmar, então, que o PE das igrejas se concretiza por meio de um método de análise com base em várias perspectivas (objetivo, meta, orçamento etc.), estabelecendo um rumo, uma direção, para monitorar e acompanhar as ações da instituição de forma objetiva. Assim, o monitoramento, o acompanhamento e o controle são decorrências práticas do uso do PE. Nessa análise, Drucker et al. (2011, p. 3), argumentam que o PE contribui para o que é importante, e "o que importa é o comprometimento com o futuro". Para Gaby e Gaby (2013, p. 40), "a organização deve ter a sua visão centrada no futuro". E o que se espera das igrejas em termos de PE em relação ao futuro? Carvalho (2005, p. 21-22) afirma que é necessário:

- *Criar uma percepção clara em todos os níveis da comunidade com relação às condições, objetivos e questões estratégicas da igreja.*
- *Permitir às lideranças das comunidades cristãs entenderem a natureza das estratégias.*
- *Desenvolver planos em função das estratégias eclesiásticas selecionadas.*
- *Criar um estado de prontidão e alerta para reexaminar a direção estratégica da igreja, à medida que as condições ambientais se alterem.*

Diante de todos esses pressupostos, podemos resumir que o planejamento estratégico procura apontar para três aspectos fundamentais no cumprimento da missão de uma igreja: Onde ela está? Para onde ela quer ir? Como ela chegará lá?

5.1.1 Etapas do planejamento estratégico

O PE se baseia, portanto, na materialização de um conjunto de ideias que, obviamente, de forma isolada, não resultariam em nada. Gaby e Gaby (2013, p. 41) ressaltam que "as organizações não conseguem sobreviver quando apenas alguns dos gestores estão envolvidos na formulação e implementação de estratégias". Portanto, é por meio de uma prática conexa, interligada e integrada que as ideias contribuirão para que a organização obtenha o mais perfeito resultado da estratégia estabelecida.

Ressaltamos que a estratégia deve ser invariavelmente avaliada e, se necessário, reformulada, já que o processo de implementação do PE não se baseia somente em fatos concretos, fixos ou rígidos; pelo contrário, ele sempre está atrelado a questões complexas, mutáveis e variáveis. Assim, "o comodismo é um desafio que precisa ser superado" (Gaby; Gaby, 2013, p. 41). As estratégias agregadas e delineadas no PE definem o rumo ou a maneira pela qual as igrejas alcançarão seus objetivos. Por isso, como comentamos anteriormente, o PE deve ser construído por meio de uma análise de cenários, que necessariamente resultará na projeção de uma matriz, a denominada *matriz de análise SWOT*[1], definida por Lobato et al. (2006, p. 67) como uma ferramenta que procura "relacionar as oportunidades e ameaças presentes no ambiente externo com as

---

1   O nome *SWOT* se deve às iniciais das palavras inglesas *strenghts* (forças), weaknesses (fraquezas), *opportunities* (oportunidades) e *threats* (ameaças).

Planejamento estratégico e qualidade

forças e fraquezas mapeadas no ambiente interno da organização". Portanto, essa matriz evidenciará as ameaças e as oportunidades, sob as perspectivas internas e externas de cada igreja.

Quadro 5.1 – Matriz de análise SWOT

SWOT	Positivos	Negativos
Internos (Organização)	PONTOS FORTES: - Ponto Forte 1 - Ponto Forte 2 - Ponto Forte 3 - Ponto Forte N	PONTOS FRACOS: - Ponto Fraco 1 - Ponto Fraco 2 - Ponto Fraco 3 - Ponto Fraco N
Externos (Ambiente)	OPORTUNIDADES: - Oportunidade 1 - Oportunidade 2 - Oportunidade 3 - Oportunidade N	AMEAÇAS: - Ameaça 1 - Ameaça 2 - Ameaça 3 - Ameaça N

Fonte: Adaptado de Bastos, 2014.

Ainda fazem parte do PE outros aspectos importantes e específicos que contribuirão para a gestão das igrejas. Drucker et al. (2011) afirmam que todos esses aspectos, que podem ser definidos por meio de respostas às perguntas a seguir, são essenciais e devem estar presentes na organização, pois podem contribuir com a definição da identidade dela:

- Qual é a **missão** da igreja?
- Qual é a **visão** da igreja?
- Quais são os **valores** da igreja?
- Quais são os **objetivos** da igreja?
- Qual é a **estratégia** da igreja?

Missão

A **missão** constitui o objetivo basilar das igrejas, pois demonstra a razão e a finalidade de suas existências. Gaby e Gaby (2013, p. 46) ressaltam que "Não há fórmulas preestabelecidas para a definição de missão ou mesmo de visão, exceto que ela tem de fazer sentido para o público interno e manter-se ligada às ações e estratégias adotadas pela organização para ser legitimada pelo público externo".

Trata-se, portanto, de um enunciado que apresenta o objetivo geral da instituição, "orientada por um conjunto de valores essenciais e propósito fundamental" (Drucker et al., 2011, p. 17). Vejamos, por exemplo, uma boa definição de missão da Primeira Igreja Batista do Recreio (2017), localizada na cidade do Rio de Janeiro:

> *Igreja do Recreio tem como missão trazer pessoas a Jesus, edificar os cristãos e juntos adorarmos a Deus, servindo a Cristo na comunidade do Recreio e no mundo. Sendo assim, acreditamos que através do Amor, Fé e Serviço, seremos um referencial de igreja evangelizadora, engajada, acolhedora, consagrada e que por meio da capacitação de discípulos faremos diferença neste mundo.*

Uma missão bem definida e adequada cria a identidade da organização, favorece seus objetivos e serve de bússola para líderes, membros e colaboradores da igreja.

Visão

A **visão** aponta para a realidade futura que as igrejas desejam de acordo com suas pretensões. Para Gaby e Gaby (2013, p. 47), "a declaração de visão de uma organização deveria refletir as aspirações da organização e suas crenças". Tal afirmativa é fundamental para as igrejas, pois, em sua essência e finalidade, suas crenças falam mais alto do que uma simples frase de efeito. Em síntese, a visão aponta um rumo pelo qual as igrejas pretendem seguir. Vejamos um exemplo de visão da Faculdade Presbiteriana Mackenzie (2017):

> *Ser reconhecida pela sociedade como instituição confessional presbiteriana, filantrópica e de perfil comunitário, que se dedica às ciências divinas e humanas; caracterizando-se pela busca contínua da excelência em ensino, pesquisa e extensão; primando pela formação integral do ser humano, em ambiente de fé cristã reformada.*

Por isso, a visão instiga alguma coisa que ainda não existe, que a organização não tem. Pode ser um sonho, um desejo ou uma "visão espiritual" dada por Deus; pode ser algo que se espera, que possa um dia tornar-se real. Assim, a visão deve motivar, influenciar e mobilizar as igrejas no caminho que elas decidiram trilhar rumo ao futuro.

Valores

Os **valores** das igrejas devem se basear no conjunto de sentimentos, crenças, conceitos, padrões éticos e princípios que fundamentam a existência dessas instituições. Nesse sentido, "Expressa valores que a organização não está predisposta a transgredir na consecução da sua missão/visão. Os valores da igreja fundamentam-se nos conceitos bíblicos. O valor é doutrinário. A doutrina precisa ser conhecida pelos membros" (Gaby; Gaby, 2013, p. 47).

Assim, a visão pode até se confundir com a declaração de fé ou doutrinária de uma igreja. Por vezes, ela pode estar atrelada à missão por meio de uma relação simples (no mesmo texto, com ambos os conceitos agregados) ou de maneira mais específica, com a descrição das crenças, doutrinas ou políticas eclesiásticas. Em síntese, os valores apresentam um conjunto de princípios que indica como os indivíduos precisam se comportar em respeito às crenças de sua igreja.

Objetivos

Os **objetivos** (ou metas) pretendidos e preestabelecidos constituem parte importante do PE, afinal, eles manifestam os resultados efetivos a serem alcançados pela igreja enquanto realiza e cumpre sua missão, em consonância com os pressupostos que sua visão estabelece. Gaby e Gaby (2013, p. 42) resumem de forma bem simples que "objetivo é o que queremos".

Porém, conforme Carvalho (2005, p. 23), uma ressalva é necessária:

O objetivo central de qualquer empresa que atua no mercado capitalista é o lucro. Já as metas essenciais da Igreja foram claramente determinadas por Jesus, conforme Mt 28.18-20; Mc 16.15-18 e Lc 22.44-49, ou seja:

- *Pregar o evangelho a toda criatura = evangelizar.*
- *Ensinar a mensagem e os mandamentos de Cristo aos novos convertidos.*

Nesse sentido, precisamos estar cientes de que a ação espiritual das igrejas não permite que dados quantitativos sejam predefinidos. No aspecto da fé, quem salva, liberta e transforma as pessoas é o Espírito Santo. Os membros das igrejas cooperam em sua missão, mas não são os agentes principais dela. Deus é o Senhor de cada igreja e de sua missão. É ele quem age por meio das igrejas, e os fiéis que nelas trabalham são instrumentos nas mãos dele. Entretanto, isso não exclui a responsabilidade das igrejas de definir seus objetivos na busca de resultados. Assim,

Para uma igreja, possuir objetivos para todos os níveis de sua estrutura significa planejar estrategicamente, tendo em vista sua natureza e alcance. É indispensável que, desde os dirigentes eclesiásticos até o funcionário que ocupa o posto mais modesto na escala hierárquica da igreja, todos tenham objetivos claros e atingíveis, de modo a poderem contribuir efetivamente para a obtenção dos resultados previstos.
(Carvalho, 2005, p. 22)

Nesse caso, os resultados são qualitativos ou quantitativos, pois demonstram o que as igrejas almejam realizar e conquistar em determinado período. Para tanto, os objetivos precisam ser apresentados de forma plausível e necessitam proporcionar alguns pressupostos cujas iniciais em inglês compõem a sigla **Smart**, apresentada na Figura 5.1.

Figura 5.1 – Pressupostos Smart

Mesmo usando, por vezes, alguns sinônimos, Gaby e Gaby (2013, p. 42-43, grifo nosso) resumem de forma bem objetiva tais pressupostos:

a. **Especificidade**: quanto mais específica for a definição de seu propósito mais direcionado estará seu caminho.
b. **Mensurabilidade**: Deve ser quantificável, tornando-se objetiva e palpável.
c. **Exequibilidade**: Tem que ser alcançável, possível, viável.

d. **Relevância**: *a meta tem que ser importante, significativa, desafiadora e realista.*

e. **Tempo**: *Muitas metas são bem definidas, mensuráveis, possíveis e importantes, mas não estão definidas num horizonte de tempo.*

Dessa forma, se os objetivos de uma igreja se enquadram nessas diretrizes, é bem possível que o PE contribua de forma relevante e significativa para as atividades de sua missão.

5.1.2 Plano de ação

De uma coisa podemos ter certeza: não faltam ideias nas igrejas. Pastores, líderes e membros sempre contribuem com sugestões, projetos e sonhos. Parece-nos, então, que falta cuidado na gestão e na elaboração do PE de forma a abranger essas ideias. Portanto, depois de definir os aspectos que formam a identidade de uma igreja, é preciso partir para a elaboração do **plano de ação** – afinal, já está bem definido o que a igreja é, qual sua missão e visão e seus valores e objetivos. Agora, é hora de detalhar esses aspectos e relacioná-los às ações que serão realizadas, pois "Planejar é o processo de converter as metas estratégicas ou de missão da organização em um conjunto de programas factíveis e traçar o caminho de como as pessoas dentro da organização atingiriam as metas" (Drucker et al., 2011, p. 73).

Nesse sentido, o plano de ação – que, segundo Drucker et al. (2011, p. 73), é "a programação de ação que visa atingir a meta" – é uma maneira eficaz para que os objetivos sejam alcançados. De fato, ele é um excelente instrumento para o devido acompanhamento de todas as atividades realizadas em uma igreja, desde as mais simples até as mais complexas.

O plano de ação é um documento simples, prático e objetivo. Ele pode ser facilmente criado em arquivo do Word ou do Excel. Em sua base, devem constar algumas informações importantes, como objetivos, tempo, custo e responsáveis pelas ações. De acordo com Kotler (1975), os aspectos mais importantes do plano de ação devem ser:

- Ações e tarefas a serem realizadas.
- Prazo (início e término) de cada atividade.
- Orçamento determinados para cada tarefa.
- Responsabilidade de cada ação ou programa.
- Objetivos de cada atividade.

Percebemos, portanto, que se trata de ações de curto, médio e longo prazos fundamentais para que as igrejas alcancem seus objetivos perante sua visão de futuro. Normalmente, um plano de ação pode utilizar a ferramenta **5W2H**, que, conforme vimos anteriormente, fundamenta-se, basicamente, em um *checklist* de cada atividade. Marshall Junior (2008, p. 112-113) explica o método 5W2H da seguinte forma:

> Esta ferramenta é utilizada principalmente no mapeamento e padronização de processos, na elaboração de planos de ação e no estabelecimento de procedimentos associados a indicadores. É de cunho basicamente gerencial e busca o fácil entendimento através da definição de responsabilidades, métodos, prazos, objetivos e recursos associados.

Vejamos a seguir dois exemplos da utilização dessa ferramenta: o primeiro, em forma de tabela, já em português, e o segundo, em forma de esquema, com informações e questões importantes sobre o tema.

Quadro 5.2 – Ferramenta 5W2H em forma de tabela

5W2H – Plano de ação para igrejas						
O que fazer?	Por que fazer?	Quem vai fazer?	Quando fazer?	Onde fazer?	Como fazer?	Quanto custa?

Figura 5.2 – Ferramenta 5W2H em forma de esquema

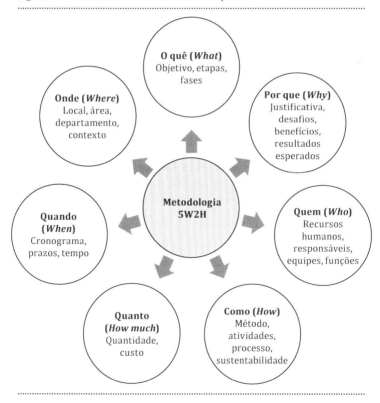

Fonte: Adaptado de Grupo Hungria, 2016.

Lembramos que o plano de ação não se limita a sua preparação. É preciso estabelecer um constante acompanhamento das ações por meio do controle de tudo o que está acontecendo. Gaby e Gaby (2013, p. 44) destacam que "acompanhar exige muito das pessoas responsáveis". Talvez seja por isso que muitos se cansam, desistem ou conduzem a obra de Deus de qualquer maneira. Na verdade, percebemos que muitos líderes eclesiásticos tentam justificar seus fracassos com "desculpas espirituais", isto é, colocam a culpa em acontecimentos fortuitos, na igreja ou até em Deus, achando que coisas não aconteceram porque não era a vontade dele. Portanto, não basta idealizar, planejar e descrever se não acompanhar os processos. É importantíssimo acompanhar e manter o controle do plano de ação estabelecido, afinal

> O controle constitui uma atividade administrativa eclesiástica voltada para verificar e corrigir o desempenho da comunidade, assegurando que as metas sejam plenamente alcançadas. Assim, o controle é a função pela qual a liderança da comunidade certifica-se de que a ação da igreja está de acordo com seus fundamentos doutrinários, bíblicos, teológicos e éticos. (Carvalho, 2005, p. 25)

Por fim, ressaltamos que, quanto mais informações e cuidado na elaboração do plano de ação houver e quanto mais sistemático e constante for seu acompanhamento, maior será a garantia de que o processo ocorrerá como o planejado e os objetivos serão alcançados.

5.2 Qualidade nas igrejas

Pode parecer estranho falarmos de **qualidade** em relação ao contexto eclesiástico. Esse termo, muito comum e utilizado em ambientes empresariais, aparenta não ter vínculo com as atividades que as igrejas desenvolvem. Infelizmente, essa é a compreensão de boa parte das pessoas que estão trabalhando nessas instituições. Ingenuamente, elas esperam que as igrejas se limitem às atividades de cunho espiritual e que, por conseguinte, nenhum conceito "mundano ou secular" tenha implicação direta com o que fazem. Veremos que isso não é verdade, e que, como em qualquer outra atividade humana, a gestão eclesiástica também deve se pautar na qualidade, para que seja eficiente.

5.2.1 A qualidade na Bíblia

Muitos poderiam argumentar que nem a Bíblia e muito menos Deus estão preocupados com a qualidade quando se pensa em gestão. Será mesmo? Parece-nos exatamente o contrário. Quando lemos algumas das históricas bíblicas, constatamos que Deus espera – e exige – de seus servos que desenvolvam suas funções de forma adequada e com excelência.

No início do texto bíblico, no primeiro capítulo do livro do Gênesis, há o relato da Criação. Por vezes, a leitura desse texto se limita a uma interpretação restrita, de perspectiva espiritual. Obviamente, esse tipo de leitura é o mais usual nas igrejas, e não há erro algum nisso. As verdades teológicas dessa narrativa têm implicações por toda a Bíblia, afinal, ela descreve a história da criação do mundo e da queda do homem (Gênesis, 3: 15) – cuja solução é oferecida por meio de Cristo, no Novo Testamento. O livro do Gênesis é, portanto, o fundamento para que entendamos o plano de salvação na história da humanidade. Contudo, podemos encontrar no relato da Criação lições significativas para a vida, inclusive sob a ótica da temática que discutimos nesta obra. Portanto, as aplicações desse texto são variadas.

No relato da Criação, percebemos que Deus, antes de criar o mundo, constatou que a realidade era sombria (sem forma, vazia e sob a escuridão), e que isso não era bom. Deus então decidiu mudar essa realidade e, sob sua palavra, o mundo começou a ser criado. Conforme o relato bíblico, ao término de cada etapa de sua criação, Deus realizava uma análise e concluía que o que fora feito era bom. Por todo o primeiro capítulo do Gênesis, essa avaliação se repete. Portanto, podemos considerar que, para Deus, cada etapa do processo de criação estava concluída somente depois que ele a analisava e determinava que ela era boa, ou seja, apresentava excelência. Lembremos ainda que, ao terminar sua criação, o padrão de qualidade de Deus aumentou: "Viu Deus tudo quanto fizera e eis que **era muito bom**" (Gênesis, 1: 31, grifo nosso).

Mais adiante, no livro do profeta Jeremias, é declarado que "Maldito aquele que fizer a obra do Senhor relaxadamente" (Jeremias, 48: 10). Tal advertência bíblica ressalta o quanto é importante para Deus que tudo que seja feito para atender a uma ordem divina tenha qualidade. Aquele que agir de forma contrária é amaldiçoado. A mensagem de Jeremias é um alerta para o povo de Israel executar, naquela época, o que Deus havia determinado. Da mesma forma, para nós, nos dias de hoje, essa orientação se aplica a tudo o que fazemos em relação à obra de Deus.

Segundo Gaby e Gaby (2013), a fundamentação da qualidade encontra-se na Segunda Epístola a Timóteo: "Procura apresentar-te a Deus aprovado, como obreiro que não tem de que se envergonhar, que maneja bem a palavra da verdade" (II Timóteo, 2: 15). Portanto, para ser obedientes a Deus, os líderes eclesiásticos precisam realizar a gestão da qualidade nas igrejas que pastoreiam ou nas áreas em que atuam, seja nos departamentos, seja nos ministérios, seja em quaisquer outras áreas que tenham aplicação espiritual ou administrativa. É necessário, portanto, que tudo o que esses líderes façam seja com excelência, para a glória de Deus.

5.2.2 Gestão da qualidade

Já abordamos a importância da qualidade nas ações desenvolvidas pelas igrejas e como ela reflete princípios bíblicos. Agora, de forma prática, discutiremos sobre o que é e como funciona a gestão eclesiástica pautada pela excelência.

Para Isnard Marshall Junior et al. (2008, p. 17), "gestão da qualidade passou a significar modelo de gerenciamento que busca a eficiência e a eficácia organizacionais". Não há dúvidas de que o gestor pode se apropriar desse conceito para que sua liderança esteja contextualizada à época atual.

Nas últimas décadas, numa perspectiva empresarial, a "qualidade está relacionada às necessidades e aos anseios dos clientes" (Marshall Junior et al., 2008, p. 32), ou seja, com a satisfação plena das necessidades do cliente. Para que seja possível alcançar êxito, a empresa procura implantar processos pautados na melhoria contínua. Assim, uma administração que apresenta qualidade é uma consequência do bom emprego da melhoria contínua dos processos dentro das organizações.

É nesse sentido que os pressupostos da gestão da qualidade total devem ser aplicados a todas as áreas e níveis das igrejas, envolvendo seus ministérios e departamentos. Vale ressaltarmos que, para alcançar o sucesso, a excelência de qualquer instituição deve sempre começar por sua liderança, com comprometimento total dos gestores. Mas isso não se limita à cúpula administrativa. Todos os colaboradores são responsáveis pelo alcance de padrões de excelência na organização. Por isso, a gestão da qualidade "na igreja pode ser identificada como um processo que visa obter, espontaneamente, de seus membros, a máxima eficiência no esforço em conjunto com vistas à consecução das metas propostas" (Carvalho, 2005, p. 27).

Nessa perspectiva, as igrejas devem desenvolver um plano de qualidade em seus projetos e em suas ações para que, de forma continua e sistemática, consigam mensurar os resultados obtidos e melhorar sua eficácia. Segundo consta no livro *Práticas pastorais* (Editora InterSaberes, 2015, p. 72), uma igreja que procura realizar a gestão da qualidade deve, entre outros:

- *identificar os processos necessários para o sistema de gestão da qualidade e sua aplicação através de toda a Igreja;*
- *determinar a sequência e a interação dos processos;*
- *determinar os critérios e métodos necessários para assegurar que tanto a operação quanto o controle dos processos sejam eficazes;*
- *assegurar a disponibilidade de recursos e informações necessárias para dar suporte à operação e ao monitoramento dos processos;*
- *monitorar, medir e analisar os processos;*
- *implementar as ações necessárias para atingir os resultados planejados e a melhoria contínua do processos.*

O pastor ou gestor devem ter a visão completa das suas organizações. Tudo o que acontece nelas deve fazer parte do sistema de gestão da qualidade cujo objetivo é a excelência dos serviços prestados. Porém, diferentemente do que ocorre nas empresas, essa gestão não se limita a oferecer bons serviços para satisfazer os desejos dos fiéis, pois ela deve estar alinhada aos planos de Deus.

Na medida em que "eficiência é fazer bem e corretamente as coisas" (Gaby; Gaby, 2013, p. 36), buscar a qualidade nas igrejas significa medir, de alguma forma, a eficiência e o desempenho delas em sua missão. Por isso, é preciso avaliar se o desenvolvimento está sendo produtivo, se as receitas e despesas estão adequadas e se o percentual de crescimento planejado para determinado período está sendo atingido, entre outros parâmetros.

5.2.3 Ferramentas da qualidade

Como já observamos, a gestão da qualidade deve contribuir para o desenvolvimento integral das igrejas. A busca dos gestores pela excelência não deve se tornar um fim em si mesma, ou seja, ela não pode se tornar uma obsessão, como ocorre em muitas organizações. Entretanto, não realizá-la é um grande equívoco, pois a implantação da qualidade auxilia a concretização dos objetivos e dos propósitos estabelecidos pelas igrejas, lembrando sempre que estas não servem à qualidade em si, mas a Deus.

Por isso, há ferramentas que facilitam a busca pela excelência, mas elas não podem "em nenhum momento se sobrepor ao cumprimento de sua missão [da igreja] principal e integral. **Planejamento** e **gestão** são ferramentas que auxiliarão a organização eclesiástica no cumprimento de suas ações e na administração dos processos que está envolvida" (Gaby; Gaby, 2013, p. 17). Apresentada essa ressalva, destacamos agora a importância de ferramentas e técnicas adequadas à gestão da qualidade.

Para não correrem o risco de errar, utilizando atalhos nas suas gestões, é preciso que os líderes entendam o que é importante e quais ferramentas podem ser utilizadas para que alcancem seus objetivos e tornem suas igrejas, no cumprimento de sua missão, espaços de excelência. Mesmo que o objetivo principal dessas instituições seja espiritual, suas ações humanas influenciam

Planejamento estratégico e qualidade

diretamente os resultados alcançados, estejam eles vinculados a questões de fé, estejam relacionados a aspectos materiais, que fazem parte do cotidiano das pessoas e das organizações, como finanças, planejamento, controle, objetivos, prioridades etc. Por isso, o uso de ferramentas da qualidade é estratégico na gestão de igrejas.

Nesse sentido, Marshall Junior et al. (2008, p. 119) afirmam:

> Os métodos de gestão representam um conjunto de práticas disponíveis para uso no sistema de gestão das empresas. Durante o desenvolvimento de suas aplicações, utilizam ferramentas de gerenciamento e de técnicas aplicadas na condução de grupos. Tais métodos são implantados pelas diversas áreas da organização, à medida que surgem necessidades específicas.

Em síntese, podemos afirmar que as ferramentas da qualidade são práticas adequadas criadas com base nas necessidades específicas das igrejas, baseadas em seus diferentes ministérios e departamentos. Veremos a seguir algumas das ferramentas que podem ser aplicados ao ambiente eclesiástico.

Brainstorming

Marshall Junior et al. (2008, p. 102) definem o **brainstorming** ("tempestade de ideias", numa tradução literal) como "um processo de grupo em que os indivíduos emitem ideias de forma livre, sem críticas, no menor espaço de tempo possível". É recomendável realizar esse processo com um grupo limitado, de até 15 pessoas, para que os envolvidos não percam o foco da discussão e para que todos possam ser ouvidos.

Nesse caso, os líderes eclesiásticos podem constituir equipes de comando a fim de colaborar com sugestões e ideias para sua administração. Os assuntos tratados em cada encontro devem ser limitados e previamente definidos, para que as ideias sejam direcionadas ao propósito desejado. Como tratamos de *gestão*, o ideal é que a discussão se limite a essa temática. Essa ferramenta, além de valorizar o trabalho em equipe e abrir espaço para ideias interessantes, ajuda os pastores a formar suas lideranças em consonância com a missão das igrejas.

Diagrama de Ishikawa

Também conhecido como *diagrama de causa e efeito* ou *diagrama espinha de peixe*, o **diagrama de Ishikawa** é a "representação das possíveis causas que levam a um determinado fato" (Marshall Junior et al., 2008, p. 104). A elaboração desse diagrama envolve categorias semelhantes, e a vantagem dessa ferramenta é a correta apreensão das possíveis causas de um problema. Vejamos um modelo do diagrama de Ishikawa na Figura 5.3 a seguir.

Figura 5.3 – Diagrama de Ishikawa

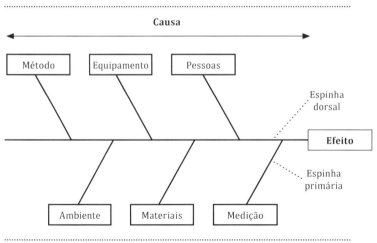

Fonte: Adaptado de Gabassa, 2012.

Matriz GUT

Normalmente, é difícil lidar com uma situação quando surge um problema ou um risco. No cotidiano das igrejas, problemas surgem constantemente. Nesse sentido, a **matriz GUT** (*gravidade*, *urgência* e *tendência*) é uma ferramenta importante para a solução prévia de problemas. Essa matriz "é a representação de problemas, ou riscos potenciais, através de quantificações que busquem estabelecer prioridades para abordá-los, visando minimizar os impactos" (Marshall Junior et al., 2008, p. 111).

Na matriz GUT, os problemas são descritos e analisados, numa escala de 1 a 5, sob os três aspectos que dão nome à matriz: gravidade, urgência e tendência. Os resultados de cada categoria são multiplicados numa quarta coluna. Assim, "os valores que obtiverem maior pontuação serão tratados prioritariamente" (Marshall Junior et al., 2008, p. 112). Vejamos um exemplo na Tabela 5.1, a seguir.

Tabela 5.1 – Matriz GUT

Matriz GUT Gravidade – Urgência – Tendência				
Problemas potenciais – O que precisa ser melhorado?	Gravidade	Urgência	Tendência	Prioridade
Problema 1	5	5	5	125
Problema 2	5	5	5	125
Problema 3	5	4	5	100
Problema 4	5	4	5	100
Problema 5	5	5	2	50
Problema 6	5	5	2	50
Problema 7	5	5	2	50

(continua)

(Tabela 5.1 – conclusão)

Matriz GUT Gravidade – Urgência – Tendência			
Problemas potenciais – O que precisa ser melhorado?	Gravidade	Urgência	Tendência	Prioridade
Problema 8	3	5	1	15
Problema 9	3	5	1	15
Problema 10	3	5	1	15

Classificação GUT

Gravidade:
1 = sem gravidade
2 = pouco grave
3 = grave
4 = muito grave
5 = extremamente grave

Urgência:
1 = não tem pressa
2 = pode esperar um pouco
3 = o mais cedo possível
4 = com alguma urgência
5 = ação imediata

Tendência:
1 = não vai piorar
2 = vai piorar em longo prazo
3 = vai piorar em médio prazo
4 = vai piorar em pouco tempo
5 = vai piorar rapidamente

Fonte: Adaptado de Monteiro, 2013.

Método 5S

Com origem no Japão, o **método 5S** é uma ideia bem simples e objetiva que, quando aplicada, produz benefícios e torna perceptível a mudança de cultura na instituição. Para Marshall Junior et al. (2008, p. 120), esse método "É uma filosofia voltada para a mobilização dos colaboradores, através da implementação de mudanças no ambiente de trabalho, incluindo eliminação de desperdícios, arrumação de salas e limpeza".

O nome *5S* provém de cinco termos japoneses cujas iniciais definem os conceitos dessa ferramenta. Quando traduzidos para o português, são denominados *sensos*, sem descaracterizar, portanto, sua definição original. Dessa forma, os termos são conhecidos da seguinte maneira:

- **Seiri**: **Senso de organização** – Pressupõe a utilização e o descarte racionais dos diversos materiais. Por vezes, as organizações acumulam coisas desnecessárias em vários ambientes, que ficam, dessa forma, desorganizados.

- **Seiton**: **Senso de arrumação** – Define a ordenação de materiais, ambientes e documentos. A arrumação coloca cada objeto, documento, bem etc. em seu respectivo lugar.

- **Seiso**: **Senso de limpeza** – Relaciona-se à higiene do ambiente de trabalho e dos colaboradores. Um ambiente organizado e limpo se torna mais produtivo e agradável.

- **Seiketsu**: **Senso de padronização** – Estabelece parâmetros de uniformização das atividades e dos materiais. Quando se padronizam os procedimentos, a organização tende a apresentar maior controle sobre eles e melhores resultados.

- **Shitsuke**: **Senso de disciplina** – Prevê o cumprimento das ações determinadas pelos outros sensos e a autodisciplina. A organização deve ser administrada pela disciplina de todos os envolvidos com base no direcionamento dado pela liderança.

Ciclo PDCA

O **ciclo PDCA** – sigla formada pelas iniciais das palavras inglesas *plan* (**planejar**), *do* (**executar**), *check* (**verificar**) e *act* (**agir**) – é um método que propõe uma gestão interativa por meio de quatro passos simples visando ao planejamento, ao controle, à execução e à melhoria contínua dos processos mediante do monitoramento. Para Marshall Junior et al. (2008, p. 92):

> O ciclo PDCA é um método gerencial para a promoção da melhoria contínua e reflete, em suas quatro fases, a base da filosofia do melhoramento contínuo. Praticando-as de forma cíclica e ininterrupta, acaba-se por promover a melhoria contínua e sistemática na organização, consolidando a padronização de práticas.

Assim, o Ciclo PDCA deve ser compreendido e executado no sentido das setas que orientam sua representação em forma de circunferência.

Figura 5.4 – Ciclo PDCA

Fonte: Adaptado de PDCA..., 2017.

O Ciclo PDCA é a ferramenta básica para a compreensão da norma ISO 9001:2015 (ABNT, 2015), pode ser utilizada em qualquer esfera – corporativa, eclesiástica ou pessoal. Vejamos a especificação de cada etapa do ciclo PDCA:

- **Planejar** – Envolve o planejamento, que, como já vimos anteriormente, é a etapa inicial de qualquer gestão adequada. Essa etapa procura estabelecer os objetivos gerais da instituição e os métodos e procedimentos imprescindíveis para que eles sejam atingidos. O planejamento, nesse caso, constitui 50% do sucesso do trabalho a ser executado, pois antecipa ou evita imprevistos.
- **Executar** – Refere-se à implementação do planejamento, isto é, a realização das ações definidas na etapa anterior, de acordo com os prazos estabelecidos. Se necessário, deve abranger o treinamento dos colaboradores.

- **Verificar** – Compreende métodos de avaliação e análise dos resultados alcançados pelas ações realizadas na etapa anterior, a fim de compará-los com os objetivos planejados. De acordo com os dados registrados, cabe ao gestor e aos colaboradores definir estratégias de melhorias ou adequações dos processos. A checagem deve ser periódica, ou seja, deve acontecer após cada período de execução, para que os problemas sejam corrigidos e não fiquem grandes demais a ponto de se tornarem insolvíveis.
- **Agir** – Corresponde a ações corretivas programadas de acordo com os problemas detectados na checagem. Logo após a realização das correções, o ciclo recomeça, movimentando o processo de melhoria contínua.

Finalmente, não devemos nos esquecer de que o objetivo principal das igrejas é servir ao Reino de Deus. Sob uma motivação genuinamente espiritual, seus líderes devem trabalhar com dedicação, esmero, comprometimento, planejamento e cuidado.

Se, por um lado, as ferramentas espirituais das igrejas são a Bíblia e a oração, sem as quais o êxito de qualquer projeto eclesiástico está comprometido, por outro, os líderes não devem limitar a elas a busca pela excelência em suas igrejas, mas adotar a gestão da qualidade. Com essa percepção, as ferramentas que analisamos passam a ser importantes, pois têm o objetivo de ajudar os líderes e suas equipes de ministérios a cuidar do rebanho de suas igrejas de forma eficaz.

Síntese

Assim como em outras instituições, o sucesso das igrejas no cumprimento do propósito divino requer planejamento estratégico. Partindo desse princípio, discutimos sobre os aspectos que envolvem esse planejamento, destacando a importância de que as igrejas definam suas premissas norteadoras, como missão, visão, valores, objetivos e plano de ações para que, assim, sua missão evangelizadora seja realizada de forma eficaz.

Além disso, o trabalho eclesiástico deve primar pela excelência. Dessa maneira, é necessária a adoção de uma adequada gestão da qualidade, baseada, além dos desígnios espirituais, em ferramentas específicas a esse fim, como o *brainstorming*, o diagrama de Ishikawa, a matriz GUT, o método 5S e o ciclo PDCA.

Atividades de autoavaliação

1. Assinale a alternativa que apresenta a definição de planejamento estratégico segundo Kotler (1975):
   a) O planejamento estratégico é um sistema de gestão que avalia a saúde financeira de qualquer organização.
   b) O planejamento estratégico é uma metodologia gerencial que controla todas as ações realizadas pelos líderes da organização.
   c) O planejamento estratégico é um sistema de gestão que fundamenta as ações ministeriais e espirituais das igrejas.
   d) O planejamento estratégico é uma metodologia gerencial que permite estabelecer a direção a ser seguida pela organização.

2. Sobre os fatores importantes para o planejamento estratégico das organizações, marque V para as afirmativas verdadeiras e F para as falsas:
   ( ) Missão, visão e valores.
   ( ) Fluxo de caixa e livro contábil.
   ( ) Objetivos estratégicos.
   ( ) Relatório espiritual e financeiro.

Planejamento estratégico e qualidade

Agora, assinale a alternativa que apresenta a sequência correta:

a) V, F, F, F.
b) V, V, F, V.
c) V, F, V, F.
d) F, V, V, F.

3. Depois do realizar o planejamento estratégico, o que é imprescindível que as igrejas façam?
   a) Um plano de ação para executar o que foi planejado.
   b) Uma consultoria para analisar o que foi planejado.
   c) Um plano de análise para verificar o que foi planejado.
   d) Uma auditoria para fiscalizar o que foi planejando.

4. Considerando a importância de uma gestão da qualidade nas igrejas, marque V para as afirmativas verdadeiras e F para as falsas:
   ( ) A qualidade é um princípio que tem importância na gestão de empresas, e não na de igrejas.
   ( ) A qualidade é um princípio bíblico e, portanto, deve fazer parte da gestão de igrejas.
   ( ) A qualidade é um princípio que permite um gerenciamento da eficiência e da eficácia organizacionais.
   ( ) A qualidade é um princípio fundamental para os gestores, mas não serve para os líderes das igrejas.

   Agora, assinale a alternativa que apresenta a sequência correta:

   a) F, V, V, F.
   b) V, F, F, V.
   c) V, V, F, V.
   d) V, F, V, F.

Gestão de Igrejas: princípios bíblicos e administrativos

5. Marque a alternativa que apresentas as ferramentas mais significativas para implantar um projeto de gestão da qualidade nas igrejas:

a) Relatório gerencial e *cash-flow*.

b) Ciclo PDCA e *brainstorming*.

c) Métodos MDA e G12.

d) Relatórios em PPT e em PDF.

Atividades de aprendizagem

Questões para reflexão

1. Com base nas reflexões que realizamos em nosso texto, defina o que é *planejamento estratégico* e por que ele é importante na gestão de igrejas.

2. Quais são as categorias de análise na matriz SWOT? Explique cada uma delas.

3. O que é *gestão da qualidade* e como ela se aplica às igrejas?

4. Entre as ferramentas de gestão da qualidade estudadas, escolha uma e descreva como as igrejas podem utilizá-la em sua administração.

5. Descreva em suas palavras qual é a importância do ciclo PDCA na gestão da qualidade nas igrejas.

Atividade aplicada: prática

1. Neste capítulo, analisamos a importância de as igrejas estabelecerem seus princípios, como missão, visão e valores. Escolha um deles e demonstre como ele pode auxiliar as igrejas a realizar uma boa gestão.

capítulo seis

Ministérios e departamentos eclesiásticos

Até agora, nossa discussão abrangeu essencialmente os aspectos relacionados à gestão eclesiástica de forma geral. Limitamo-nos a analisar conceitos e princípios humanos relacionando-os às realidades das igrejas cristãs. Discorremos sobre questões importantes que ajudam a assegurar a boa condução financeira e administrativa dessas instituições, afinal, se elas não forem bem dirigidas, é possível que passem por inúmeras dificuldades ao tentar cumprir a missão para a qual foram designadas por Deus, isto é, pregar o Evangelho a todas as criaturas e servir ao Senhor por meio da adoração e do serviço. Por isso, a advertência do apóstolo Pedro é bem clara:

> *Sejam bons administradores dos diferentes dons que receberam de Deus. Que cada um use o seu próprio dom para o bem dos outros! Quem prega pregue a palavra de Deus; quem serve sirva com a força que Deus dá. Façam assim para que em tudo Deus seja louvado por meio de Jesus Cristo, a quem pertencem a glória e o poder para todo o sempre! Amém!*
> (Bíblia. I Pedro, 2005, 4: 10-11)

E é justamente com essa perspectiva que reconhecemos que Deus deu dons às pessoas. Ele chama cada uma delas ao serviço cristão para exercer um ministério que seja voltado para a honra e para a glória de Deus, a fim de que o corpo de Cristo, isto é, a igreja cristã, seja edificada.

Portanto, exercer ministérios faz parte do trabalho eclesiástico, e geri-los faz parte das atribuições dos líderes e dos pastores que sonham com instituições relevantes e dinâmicas em suas pregações do Evangelho. Nesse sentido, abordaremos, neste capítulo, algumas características práticas da gestão eclesiástica que envolvem seus departamentos e ministérios.

6.1 Semelhanças e diferenças

Distinguir *ministérios* e *departamentos* eclesiásticos constitui um grande desafio, afinal, cada igreja, em sua especificidade, denomina de forma diferente suas áreas de ação. De qualquer forma, de modo amplo, podemos afirmar que os **ministérios** estão focados, em sua grande maioria, nos **aspectos espirituais**, pois são desenvolvidos por meio de ações espirituais (louvor, ensino, oração, pregação etc.). Porém, vale ressaltarmos que, mesmo em ações ministeriais, algumas atividades são bem técnicas e devem ser realizadas com o cuidado necessário.

Há também os **departamentos** eclesiásticos, que são áreas importantes e estratégicas para que as igrejas cumpram sua missão. Diferentemente dos ministérios, porém, os departamentos constituem e desenvolvem as **questões burocráticas** e, portanto, são fundamentais para o funcionamento das igrejas, afinal, como já dissertamos por toda esta obra, essas instituições precisam de uma boa gestão.

Ministérios e departamentos eclesiásticos

Constatamos, então, duas vertentes que são necessárias às igrejas. Um exemplo é o relato do capítulo 6 do livro dos Atos dos Apóstolos (Atos, 6: 1-15), quando ocorre, pela primeira vez, a escolha dos diáconos. Naquela ocasião, as demandas departamentais ou burocráticas da igreja cristã primitiva (servir a mesa e cuidar das viúvas, entre outras) estavam se acumulando e não sobrava o devido tempo para o cuidado com as questões ministeriais (oração e pregação da Palavra). Campanhã (2013, p. 7) faz a seguinte observação sobre esse episódio:

> Quando a igreja primitiva começou a crescer, logo de início enfrentou um grande desafio. Havia tanta gente, que as viúvas começaram a reclamar que não estavam sendo atendidas. O ministério era espiritual e guiado pelo Espirito Santo. No entanto, o momento era organizacional e requeria decisões dos líderes da igreja. Caso isto não acontecesse, problemas sérios poderiam afetar o crescimento da igreja.

Dessa forma, independentemente do tipo de ministério a ser realizado ou do departamento a ser administrado, cabe ao pastor ou ao líder, guiados pelo Espírito Santo e capacitados da melhor forma possível, realizar uma gestão ministerial e departamental eficiente, que potencialize todas as ações de sua instituição e que contribua para a construção do corpo de Cristo e para que o nome de Jesus seja glorificado.

Vale ressaltarmos que, muitas vezes, os termos se confundem ou são tratados como sinônimos no cotidiano eclesiástico. Campanhã (2013), por exemplo, sugere que se priorize *ministérios*, e não *departamentos*, pois, para ele, trata-se de uma mudança de conceito, e não somente de nomenclatura. Não há, de fato, unanimidade em definir a diferença entre os dois termos, se eles são a mesma coisa ou se são coisas distintas. Mais recentemente, algumas igrejas ainda criaram outro conceito denominado *redes* (por exemplo, "rede de jovens", "rede de mulheres" etc.). Diante de tal variedade de termos, conceitos e definições, em nossa análise, procuraremos distinguir os termos da seguinte forma:

- **Departamentos** – Áreas que envolvem processos administrativos e aspectos legais e burocráticos nas igrejas.
- **Ministérios (ou redes)** – Áreas que envolvem ações espirituais, isto é, que contribuem com a característica principal das igrejas, que é a missão de evangelizar, pregar, adorar, servir etc.

6.2 Gestão de ministérios

Um dos assuntos mais presentes nas cartas do apóstolo Paulo é a igreja cristã. O apóstolo trata de vários temas que envolvem questões doutrinárias, comportamentais, relacionais etc. Na perspectiva paulina, essa comunidade está sempre sendo cuidada e incentivada a se desenvolver, crescer e servir a Deus com zelo e dedicação. Na Epístola aos Efésios, Paulo discorre sobre vários aspectos dessa igreja, principalmente sobre os dons que ela recebeu de Deus para ministrar na vida das pessoas que a seguem: "Foi ele [Cristo] quem 'deu dons às pessoas'. Ele escolheu alguns para serem apóstolos, outros para profetas, outros para evangelistas e ainda outros para pastores e mestres da Igreja. Ele fez isso para preparar o povo de Deus para o serviço cristão, a fim de construir o corpo de Cristo" (Bíblia. Efésios, 2005, 4: 11-12).

Nessa epístola, além dos dons, Paulo fala também dos serviços que devem estar presentes na igreja cristã. Ela é uma comunidade que serve a Deus e ao próximo. Para tanto, por meio de

Ministérios e departamentos eclesiásticos

Cristo, Deus concede dons, capacita e incentiva a igreja a cumprir sua missão. Para realizar essa tarefa de forma eficaz, existem várias áreas – os ministérios – específicas para que o corpo de Cristo seja edificado. Carvalho (2005, p. 37) reitera que "a igreja deve dispor de uma estrutura organizacional que possibilite, da melhor forma possível, a consecução de seus objetivos".

Dessa forma, Deus tem um plano para o mundo e, para realiza-lo, o caminho é simples: ele dá dons ministeriais à igreja, que, por sua vez, ao recebê-los e cumpri-los, realiza a missão para a qual foi chamada. Nesse sentido, "a igreja deve ter tantos ministérios quanto dons para que seus membros o exerçam" (Campanhã, 2013, p. 209). Trata-se, portanto, de algo fundamental e necessário na gestão eclesiástica.

Entretanto, cabe fazermos uma pergunta: O que significa ministério?

O *Dicionário Vine* resgatando o significado no texto grego do Novo Testamento, apresenta algumas definições sobre o que significa o termo ministério. Entre elas, destacam-se:

1. diakonia [...], "o cargo e trabalho de um diakonos" [...], "serviço, ministério", é usado acerca de: [...] (b) o "ministério" religioso e espiritual: (I) o "ministério" apostólico [...]; (2) o "serviço" dos crentes ([...], "administração" [...], "o ministério", não no sentido de função eclesiástica [...]); coletivamente, o "serviço" de uma igreja local [...]; (5) o trabalho do Evangelho, em geral [...]; (6) o "ministério" geral de um servo do Senhor em pregar e ensinar [...].

2. leitourgia [...] é usado no Novo Testamento acerca dos "ministérios sacros": [...] (c) o "ministério" dos crentes uns aos outros, considerado como serviço sacerdotal [...]. (Vine; Unger; White Jr., 2002, p. 791)

Dessa maneira, em boa parte das vezes que o termo *ministério* ocorre na Bíblia, há uma direta relação com serviço, administração e trabalho, que envolvem os membros de uma comunidade local em dedicação a Deus e a seu Reino. O vocábulo também pode designar serviços específicos determinados por Deus a certas pessoas, como os levitas, os sacerdotes, os reis e os profetas, no Antigo Testamento.

No Novo Testamento, como destaca o Dicionário Vine (Vine; Unger; White Jr., 2002, p. 791), um dos termos originais em grego utilizados para *ministério* é *diakonia* ("serviço" ou "trabalho"). O exemplo clássico do uso dessa palavra está no livro dos Atos dos Apóstolos: "e, quanto a nós [os doze discípulos], nos consagraremos à oração e ao **ministério** [*diakonia*] da palavra" (Atos, 6: 4, grifo nosso). Havia, portanto, por parte dos discípulos, uma dedicação a dois ministérios específicos: a oração e a palavra. Finalmente, o ministério por excelência que todos devem ter como exemplo é o ministério de Cristo. Nesse sentido, Lucas (3; 23, grifo nosso) relembra que: "tinha Jesus cerca de trinta anos ao começar o seu **ministério**". Cristo é o paradigma ministerial para qualquer cristão.

Tendo em mente essas definições, importa agora, para nós, entendermos como elas se aplicam à realidade da gestão eclesiástica. De forma corriqueira, *ministério* é uma palavra largamente utilizada pelas igrejas para designar uma atividade ou uma área específica, ou ainda um grupo de pessoas com determinada função. Aliás, "**os líderes de ministério**, com a equipe pastoral, formam uma espécie de equipe executiva, na qual estão representadas todas as áreas da igreja" (Campanhã, 2013, p. 215, grifo nosso). Esses *líderes* aos quais Campanhã (2013) se refere são chamados de *ministros*, e são, de fato, trabalhadores e servos que procuram

Ministérios e departamentos eclesiásticos

servir a Cristo em tudo o que realizam, ou seja, seus serviços são dedicados ao Reino de Deus.

Vale ressaltarmos que o cristão que é chamado a exercer algum trabalho eclesiástico deve ter como pressuposto que estará prestando serviço a Deus e ao próximo. Nesse sentido, os crentes devem "descobrir e usar seus dons espirituais para que a igreja atue através de ministérios que façam a diferença dentro e fora da igreja, e não apenas de uma estrutura que procura sustentar um organograma" (Campanhã, 2013, p. 151).

Uma igreja que atua por meio de serviços ministeriais é relevante, tanto no aspecto interno (que envolve sua dinâmica e seus membros) quanto no aspecto externo (que abrange a importância de sua pregação do Evangelho para a sociedade). Como argumenta Campanhã (2013, p. 208, grifo nosso), "utilizando o princípio bíblico de **dons** e **ministérios**, a igreja poderá ser ainda mais eficaz".

Na atualidade, lamentavelmente, observamos que alguns indivíduos usam o termo *ministro* para aparecer para a sociedade ou para demonstrar *status*, como se esse fosse um cargo ao qual alguém é promovido. Essa perspectiva está distante da Palavra de Deus.

Diante disso, compreendemos que a gestão de um ministério deve ser realizada pelo pastor, pelo gestor ou pela liderança escolhida pelos fiéis, pois essa tarefa contempla várias ações que devem ser executadas com transparência e com excelência. Nesse caso, trata-se de gerenciar, de fato, por meio de todos os princípios sobre os quais já discutimos ao longo desta obra. Além disso, lembramos que os trabalhos eclesiásticos são bíblicos e espirituais, mas o acompanhamento e a avaliação de sua execução devem ser realizados por meio de uma direção adequada.

Gaby e Gaby (2013) nos dão algumas dicas sobre como essa gestão em busca da excelência do trabalho desenvolvido pelas igrejas pode ser realizada. São elas:

- **Eficiência** – As pessoas precisam preocupar-se em realizar suas funções ministeriais com interesse e dedicação, pois "eficiência é desenvolver bem as coisas, com desempenho" (Gaby; Gaby, 2013, p. 36).

- **Eficácia** – As funções ministeriais devem ser executadas de modo que, com o passar do tempo, os resultados atingidos sejam equivalentes ou melhores do que os iniciais, ou seja, a eficiência deve ser contínua e não pode ocorrer um acomodamento das pessoas responsáveis pelos ministérios. Nesse sentido, a eficácia é uma "qualidade daquilo que produz um resultado esperado, com os objetivos e resultados atingidos" (Gaby; Gaby, 2013, p. 37).

- **Efetividade** – As atividades devem seguir procedimentos previamente definidos e cujos resultados positivos já tenham sido comprovados. Para Gaby e Gaby (2013, p. 37), *efetividade* significa "fazer a coisa certa e da maneira certa. É a soma da eficiência e eficácia. Ela está baseada na regularidade, praticidade, durabilidade e constância".

- **Produtividade** – As avaliações dos resultados obtidos pelos ministérios devem ser periódicas, pois, mesmo que o objetivo principal das igrejas seja espiritual – e cuja ação proeminente é realizada pelo Espírito Santo –, elas precisam mensurar se os objetivos planejados foram alcançados, utilizando, para isso, dados específicos (números e estatísticas) de parâmetros

Ministérios e departamentos eclesiásticos

definidos (crescimento, desenvolvimento, expansão etc.). A produtividade, portanto, consiste em "buscar tornar o serviço eclesiástico frutífero, dinâmico e verdadeiro" (Gaby; Gaby, 2013, p. 37).

- **Mordomia cristã** – As riquezas de Deus, conforme já delineamos anteriormente, devem ser tratadas com diligência e responsabilidade, pois elas são dadas às igrejas para que possam cumprir sua missão. Dessa forma, "mordomia cristã é gerir com competência aquilo que nos foi confiado [por Deus]" (Gaby; Gaby, 2013, p. 9).

Além da observância desses aspectos, apresentamos, nos capítulos anteriores, várias opções de ferramentas, métodos e estratégias para que se realizem boas gestões nas igrejas. O plano de ação, por exemplo, deve fazer parte da rotina de todo ministro eclesiástico. Enfim, são pressupostos que auxiliam as igrejas a cumprirem sua missão evangelizadora.

Vale ressaltarmos, ainda, que os ministérios devem ser concebidos com base na realidade de cada igreja. De acordo com suas características específicas, como denominação, contexto cultural, localização, perfil dos membros e do público-alvo de sua evangelização, é bem possível que surgirão e serão percebidas certas necessidades que precisam ser atendidas. Não existe uma quantidade ideal ou limite, pelo contrário, "novos ministérios poderão surgir, à medida que Deus levantar pessoas com amor por essa área, disposição e dons para desenvolvê-los" (Campanhã, 2013, p. 209). E a qualidade deles deve ser tal que, de quanto mais ministérios significativos uma igreja disponha, mais ela possa desempenhar sua missão com competência, envolvendo as pessoas nos serviços eclesiásticos, na adoração a Deus e na evangelização.

Como exemplo, podemos observar, na Figura 6.1, a seguir, uma série de ministérios que são exercidos na Igreja Batista Jardim da Prata, em Nova Iguaçu, no Estado do Rio de Janeiro.

Figura 6.1 – Ministérios da Igreja Batista Jardim da Prata (Nova Iguaçu, RJ)

Fonte: Adaptado de Igreja Batista Jardim da Prata, 2017.

Pela diversidade de ministérios, notamos que a Igreja Batista Jardim da Prata atende a áreas importantes para o dia a dia da comunidade em que se localiza, o que contribui para sua aceitação pela sociedade e para o cumprimento de sua missão de evangelização.

6.3 Gestão de departamentos

Além das questões ministeriais, a gestão eclesiástica exige um trabalho dedicado quanto aos temas burocráticos. No Capítulo 3, falamos sobre os aspectos legais e administrativos das igrejas. Em qualquer instituição, quando abordamos assuntos que envolvem documentação, registro e legislação, entre outros assuntos procedimentais, surge a dúvida: Como e quem deve realizar esse trabalho?

Certamente, nas igrejas, sob a liderança do pastor ou do gestor, esse trabalho pode ser dividido entre pessoas capacitadas e habilitadas. Nesse sentido, Martins (2002, p. 297) lembra que "Cada igreja tem sua forma de trabalhar no que tange às suas responsabilidades. Uma das formas profícuas de realizar a obra é a criação de departamentos pela igreja, os quais são uma maneira de mais pessoas estarem envolvidas no reino de Deus e, ao mesmo tempo, desenvolverem os seus dons".

Djalma de Pinho Rebouças de Oliveira (2004), citado por Gaby e Gaby (2013, p. 67), adverte que *departamentalização* é o "agrupamento, de acordo com um critério específico de homogeneidade, eficiência e eficácia das atividades e correspondentes recursos (humanos, financeiros, materiais e equipamentos) em unidades organizacionais".

Além, disso, Gaby e Gaby (2013, p. 10) ainda argumentam que

> A igreja, os departamentos da igreja e os membros da igreja precisam planejar, ou seja, precisam formular objetivos a serem alcançados. Uma igreja sem objetivos é uma igreja morta. A igreja deve ser uma organização dinâmica, que busca superar limites, focada sempre na expansão do reino de Deus.

Portanto, a divisão do trabalho por meio de departamentos é importante para que as igrejas se desenvolvam, ao mesmo tempo que também é uma forma de colocar em ação tudo o que já foi planejado para o Reino de Deus crescer. Assim, "Cabe ao líder, [sic] incentivar os diversos departamentos da igreja, [sic] para estabelecerem alvos e alcançá-los" (Gaby; Gaby, 2013, p. 11). Para tanto, departamentos funcionais precisam ser criados e implantados com a devida atribuição de atividades de acordo com as habilidades, os conhecimentos, os dons e os talentos de seus líderes e de sua equipe.

Por isso, a criação de um organograma facilita o trabalho do gestor eclesiástico com os diversos departamentos de sua igreja. Entretanto, na elaboração desse documento, é preciso considerar as necessidades da igreja em determinado período ou circunstância, e adequações periódicas devem ser realizadas para contemplar as alterações estruturais pelas quais a instituição passe.

Dessa forma, o organograma deve ser flexível e de fácil compreensão pela comunidade, pois assim todas as pessoas saberão precisamente quais são as funções de cada departamento, como eles contribuem para a missão da igreja e a que líder ou gestor estão subordinados. Gaby e Gaby (2013, p. 67, grifo do original) apresentam os objetivos e as vantagens de trabalhar de forma departamentalizada:

Objetivos

a. *Aproveitar a especialização*

b. *Maximizar os recursos disponíveis*

c. *Controlar* (delimitar responsabilidades)

d. *Coordenar*

e. *Descentralizar* (delegação de autoridade e responsabilidade)

f. *Integrar ambiente e organização*

g. *Reduzir conflitos*

Vantagens

a. *Especialização do trabalho*
b. *Maior concentração e utilização dos recursos especializados*
c. *Maior satisfação das pessoas*

Assim, percebemos como é importante a divisão de atividades para uma igreja, a fim de que ela desenvolva um trabalho progressivo e de forma equilibrada, sustentável e bíblica; afinal, trata-se da união de irmãos de fé em busca de um mesmo propósito.

Vejamos a seguir uma breve lista com sugestões de departamentos que julgamos necessários para uma boa gestão eclesiástica, divididos por áreas temáticas:

- **Administração** – Serviços Gerais, Refeitório, Atendimento e Telefonia, Portaria, Estacionamento, Manutenção, Compras, Almoxarifado, Contabilidade, Assistência Jurídica, Tesouraria, Secretaria, Recursos Humanos (RH), Patrimônio, Decoração, Biblioteca, Construção, Tecnologia da Informação (TI).
- **Assistência médico-social** – Alimentação, Cesta Básica, Doações, Assistência de Saúde e Benefícios, Orfanato, Creche, Asilo, Lar Comunitário.
- **Música** – Ensaios, Cursos de Música, Manutenção de Instrumentos e Aparelhagem de Som.
- **Comunicação** – Assessoria de Comunicação, Relações Públicas, Avisos, Editais, Agenda, Convites, Divulgação, Entrevistas, Informações, Propagandas, *Marketing*, Publicações de Livros, Impressão, Criação e Arte, Editoração, Diagramação, Multimídia, Rádio, TV, Internet.

Entre tantos departamentos, consideramos dois como fundamentais nas igrejas, independentemente de seu tamanho ou dos recursos disponíveis para manter sua estrutura funcional: a Secretaria e a Tesouraria.

A **Secretaria** é um "órgão de grande importância para o bom funcionamento de uma igreja organizada" (Kessler; Câmara, 1987, p. 63). Trata-se de uma área estratégica na gestão eclesiástica porque, sem uma boa Secretaria, não haverá uma boa direção. Por meio desse departamento, é possível conhecer os dados e as informações mais importantes que envolvem a administração da instituição, de forma sempre atualizada. É possível também realizar o atendimento aos membros e aos interessados em determinados procedimentos por meio do banco de dados e dos arquivos existentes.

Kessler e Câmara (1987) descrevem algumas das qualificações e das responsabilidades do secretário ou da equipe responsável por essa área tão importante:

- **Qualificações**:
  - **Boa redação** – Deve ter um bom conhecimento da língua portuguesa e uma boa caligrafia, para que todos compreendam seu texto.
  - **Maturidade** – Deve ser alguém preparado e equilibrado (tanto na vida pessoal quanto nas questões de fé) diante dos desafios e da demanda de trabalho.
  - **Educação** – Deve ter boa educação para lidar com as pessoas.
  - **Cuidado** – Deve exercer o trabalho com atenção, dedicação, diligência, organização e zelo.
  - **Conhecimento** – Deve conhecer os meandros das técnicas e dos procedimentos administrativos.
- **Responsabilidades**:
  - **Registro** – Deve elaborar atas de assembleias, sessões, cerimônias ou reuniões da igreja e transcrevê-las no livro competente para registrá-las em cartório.

- **Comunicação** – Deve cuidar de correspondências, *e-mails* ou outros documentos da igreja.
- **Atualização** – Deve ter sempre atualizados os dados, as informações e os movimentos estatísticos da igreja (rol de membros, contatos pessoais etc.).
- **Checagem** – Deve cuidar do fichário da igreja, para que as informações e os dados estejam completos.

A **Tesouraria** é outro departamento importante para as igrejas. Para Kessler e Câmara (1987, p. 132), "toda igreja deve estabelecer um sistema que regule a participação dos crentes na sua vida financeira. O assentamento de todo o movimento bem como a apresentação de relatórios, [sic] exime de quaisquer dúvidas os responsáveis pela guarda do tesouro na Casa do Senhor".

De fato, é na Tesouraria que serão recebidos, guardados e administrados os recursos provenientes das contribuições dos membros por meio de ofertas, dízimos ou outras formas de doação. Por isso, esse trabalho exige cuidado, dedicação, seriedade, zelo e conhecimento e deve ser realizado por uma pessoa extremamente responsável e temente a Deus.

O tesoureiro é "o homem-chave na organização e, consequentemente, na gestão do dinheiro" (Kessler; Câmara, 1987, p. 133). Recomendamos que essa função nunca seja realizada por uma única pessoa, mas por mais de duas pessoas, oferecendo, sempre, total transparência sobre o controle dos recursos da igreja . Se possível, seria adequado que a função fosse desempenhada por um líder, como um diácono, visto que, nesse caso, já terá passado por alguns critérios necessários para exercer o ministério diaconal.

Diante da complexidade e da seriedade da Tesouraria, vejamos algumas qualificações e responsabilidades necessárias ao tesoureiro, de acordo com Kessler e Câmara (1987):

- **Qualificações**:
  - **Educação** – Deve ter boa educação para lidar com as pessoas.
  - **Experiência** – Deve saber técnicas e métodos de lidar com dinheiro, contas etc.
  - **Conhecimento** – Deve conhecer um pouco das áreas contábil, econômica e financeira. Não basta boa vontade.
  - **Fidelidade** – Deve realizar suas atividades de forma transparente e honesta. A Bíblia diz que "o amor ao dinheiro é uma fonte de todos os males" (Bíblia. I Timóteo, 2005, 6: 10). Por isso, o tesoureiro precisa ser fiel à instituição e dar testemunho pela forma como trata suas coisas e as coisas de Deus.
  - **Assiduidade** – Deve sempre estar presente nas reuniões da igreja ou nomear, em acordo com o líder eclesiástico, um substituto que realize sua função quando estiver ausente.
  - **Envolvimento** – Deve envolver-se com as ações da igreja: para cuidar de dízimos e de ofertas, ele deve, no mínimo, também ser dizimista.
- **Responsabilidades**:
  - **Planejamento** – Deve elaborar, de forma participava, um plano financeiro e orçamentário para a igreja.
  - **Controle** – Deve controlar os valores recebidos pela igreja de doações, dízimos ou de outras formas.
  - **Pagamento** – Deve providenciar a distribuição correta dos valores estipulados no plano orçamentário da igreja.
  - **Cobrança** – Deve incentivar os membros da igreja a contribuírem com dízimos e doações regulares.
  - **Atualização** – Deve manter as informações, as estatísticas e os dados financeiros da igreja sempre em ordem.

- **Prestação de contas** – Deve administrar a conta da igreja (em conjunto com outras pessoas ou líderes responsabilizados para tal função), realizando depósitos ou saques nos bancos em que a igreja tenha conta. Também deve preencher, assinar controlar os cheques emitidos pela igreja.
- **Despesas** – Deve pagar e controlar as despesas da igreja.
- **Compras** – Deve comprar os insumos necessários para a manutenção da igreja.

Como podemos perceber, os trabalhos na Secretaria ou na Tesouraria constituem funções muito importantes para a correta gestão das igrejas. Por isso, as pessoas que desenvolvem essas atividades devem estar comprometidas com Deus, com sua igreja e com sua liderança pastoral.

Síntese

A gestão de igrejas abrange complexidades específicas, como questões de fé e aspectos burocráticos inerentes a essas instituições. Por isso, elas dividem sua direção e suas atividades em ministérios e departamentos: os primeiros lidam com os serviços vinculados aos dons recebidos de Deus; os segundos lidam com os trâmites de controle material e legal, como ocorre em outras organizações.

Apesar de serem áreas importantes para o cumprimento da missão das igrejas, suas atividades exigem aptidões diferentes. Enquanto nos ministérios o trabalho deve ser realizado por pessoas vocacionadas, sem se limitar a características técnicas, nos departamentos, é imprescindível que os colaboradores tenham conhecimentos especializados nas tarefas pelas quais são responsáveis.

Dessa forma, é importante que os gestores busquem harmonizar essas áreas de modo que ambas trabalhem em sintonia com sua liderança, para que todos mantenham a unidade do corpo de Cristo.

Atividades de autoavaliação

1. A atuação nos ministérios das igrejas não se limita a habilidades, técnicas ou competências. Apesar da importância desses aspectos, há um pressuposto bíblico no Novo Testamento fundamental para a realização desse trabalho. Considerando essa afirmação, escolha a alternativa correta:

   a) Para trabalhar nos ministérios da igreja, é importante que as pessoas tenham dons recebidos por Deus.

   b) Para trabalhar nos ministérios da igreja, é importante que as pessoas tenham uma boa formação acadêmica.

   c) Para trabalhar nos ministérios da igreja, é importante que as pessoas tenham uma boa influência entre os membros da igreja.

   d) Para trabalhar nos ministérios da igreja, é importante que as pessoas sejam indicadas para o exercício de tais funções.

2. Considerando a distinção entre *departamentos* e *ministérios*, marque V para as afirmativas verdadeiras e F para as falsas:

   ( ) *Departamentos* são áreas que envolvem processos administrativos.

   ( ) *Departamentos* são áreas que envolvem aspectos legais e burocráticos.

   ( ) *Ministérios* são áreas que envolvem ações espirituais e ministeriais.

   ( ) *Ministérios* são áreas que contribuem para a missão da igreja (evangelizar, pregar, adorar, servir etc.).

Ministérios e departamentos eclesiásticos

Agora, assinale a alternativa que apresenta a sequência correta:

a) V, V, F, F.
b) V, V, V, V.
c) F, V, V, F.
d) F, V, V, F.

3. Na Bíblia em língua portuguesa, o termo *ministério* está vinculado a qual conceito e seu respectivo equivalente em grego?
   a) Evangelho; *evanggelion*.
   b) Pregação; *kerigma*.
   c) Oração; *proseuche*.
   d) Serviço; *diakonia*.

4. Considerando a distinção entre *ministério* e *departamentos*, marque V para as afirmativas verdadeiras e F para as falsas:
   ( ) A área de louvor é um departamento das igrejas.
   ( ) A área de pregação é um departamento das igrejas.
   ( ) A área de oração ou intercessão é um departamento das igrejas.
   ( ) As áreas de Secretaria e de Tesouraria são departamentos da igreja.

   Agora, assinale a alternativa que apresenta a sequência correta:

   a) F, F, V, F.
   b) V, F, F, V.
   c) F, V, F, V.
   d) F, F, F, V.

5. Sobre a Tesouraria, Kessler e Câmara (1987), afirmam:
   a) Toda igreja deve ter um especialista em finanças, contratado especificamente para controlar a vida financeira da instituição.

b) Toda igreja deve ter um cofre, em uma sala específica, para guardar todas as entradas financeiras da instituição.

c) Toda igreja deve estabelecer um sistema que regule a participação dos crentes em sua vida financeira.

d) Toda igreja deve priorizar a pregação, sem se importar em demasia com os aspectos financeiros da instituição.

Atividades de aprendizagem

Questões para reflexão

1. Falar sobre gestão de igrejas é um grande desafio, afinal, essas instituições são especiais, pois representam o povo de Deus. A esse povo, Deus deu dons. Explique qual é a importância dos dons ministeriais para a vida das igrejas.

2. O que é *ministério* e qual é a importância dele no trabalho desenvolvido pelas igrejas?

3. Cite três ministérios que você acha fundamentais para as igrejas e justifique sua resposta.

4. O que é *departamento* e qual é a importância dele no trabalho desenvolvido pelas igrejas?

5. Cite três departamentos que você acha fundamentais para as igrejas e justifique sua resposta.

Atividade aplicada: prática

1. Você conhece os ministérios que existem em sua igreja? Procure conhecê-los melhor e, posteriormente, escolha três deles, os quais você considera fundamentais, e indique como auxiliam no cumprimento da missão de sua igreja.

Ministérios e departamentos eclesiásticos

considerações finais

Assim como o trabalho de evangelização deve ser exercido de forma contínua, pois nunca acaba, a discussão sobre a gestão de igrejas não se limita a um livro, porque acontece todos os dias, no interior das comunidades cristãs. Por isso, sobre esse assunto, podem surgir a qualquer momento novas questões ou novas respostas às questões que abordamos em nosso texto.

No entanto, a necessidade de adotarmos procedimentos e processos comuns do mundo corporativo na condução das igrejas é uma certeza. Trata-se não só de controlar as atividades dessas instituições, mas também de garantir a sobrevivência delas: sem uma boa direção, fundamentada em conceitos já consagrados na administração de empresas, as igrejas correm o sério de risco de se tornarem descartáveis e desaparecerem, pois, apesar de servirem a Deus, elas são formadas por homens e devem prestar contas de suas ações à sociedade.

Sob essa perspectiva, analisamos aspectos teológicos que vinculam os estudos cristãos aos conceitos da administração.

Nesse sentido, destacamos líderes bíblicos que, em determinadas situações, atuaram como verdadeiros gestores, servindo como instrumentos divinos na condução do povo de Deus em sua missão.

Dessa forma, ficou evidente que as instituições cristãs precisam adotar uma gestão que envolva liderança, organização, direção e controle, sem se esquecerem de cumprir as demandas jurídicas, a fim de atender às exigências da legislação brasileira. Além disso, elas devem promover a utilização correta dos recursos de que dispõem, tanto humanos quanto materiais (patrimoniais, financeiros e contábeis).

De fato, atender a todos esses aspectos só será possível se os líderes eclesiásticos levarem em conta a importância do planejamento estratégico, por meio de ferramentas e de métodos específicos, sempre visando à melhoria contínua dos processos internos e dos serviços externos oferecidos aos fiéis. Para facilitar a busca pela qualidade, é necessária a adequada definição da estrutura eclesiástica em ministérios e departamentos, por meio dos quais a gestão compartilha responsabilidades ao mesmo tempo que agrega excelência.

Em vista disso, esperamos que os líderes cristãos se sintam estimulados a adotar novas concepções de administração e a adequar suas estratégias e formas de trabalhar em suas comunidades, procurando trazer suas igrejas para o contexto do século XXI.

Por isso, desejamos uma excelente gestão a todas as igrejas. Que Deus ajude e o Espírito Santo conduza a todos nessa importante missão!

referências

ABNT – Associação Brasileira de Normas Técnicas. **NBR ISO 9001:2015**: sistemas de gestão da qualidade – requisitos. Rio de Janeiro, 2015.

ARAUJO, L. C. G. de. **Gestão de pessoas**: estratégia e Integração organizacional. São Paulo: Atlas, 2006.

BASTOS, M. Análise SWOT (matriz): conceito e aplicação. **Portal Administração**, 2014. Disponível em: <http://www.portal-administracao.com/2014/01/analise-swot-conceito-e-aplicacao.html>. Acesso em: 25 ago. 2017.

BENNIS, W. **A invenção de uma vida**. Rio de Janeiro: Campus, 1995.

BÍBLIA SAGRADA. Português. **Bíblia da liderança cristã**: com notas e artigos de John C. Maxwell. Tradução de Almeida revista e atualizada. Barueri: Sociedade Bíblica do Brasil, 2013.

____. Português. **Bíblia de estudo Almeida**. Tradução de Almeida revista e atualizada. Barueri: Sociedade Bíblica do Brasil, 2006.

____. Português. **Bíblia de estudo NTLH**: nova tradução na linguagem de hoje. Barueri: Sociedade Bíblica do Brasil, 2005.

BRASIL. **Código Tributário Nacional**. 2. ed. Brasília: Senado
Federal, Subsecretaria de Edições Técnicas, 2012. Disponível
em: <https://www2.senado.leg.br/bdsf/bitstream/handle/
id/496301/000958177.pdf?sequence=1>. Acesso em: 22 ago. 2017.

____. Constituição (1988). **Diário Oficial da União**, Brasília, DF,
5 out. 1988. Disponível em: <http://www.planalto.gov.br/ccivil_03/
constituicao/constituicao.htm>. Acesso em: 25 set. 2017.

____. Decreto-Lei n. 5.452, de 1º de maio de 1943. **Diário Oficial da
União**, Poder Executivo, Rio de Janeiro, DF, 9 de agosto de 1943.
Disponível em: <http://www.planalto.gov.br/ccivil_03/decreto-lei/
Del5452.htm>. Acesso em: 21 ago. 2017.

____. Lei n. 4.503, de 30 de novembro de 1964. **Diário Oficial da União**,
Poder Legislativo, Brasília, DF, 30 nov. 1964. Disponível em: <http://
www.planalto.gov.br/ccivil_03/leis/1950-1969/L4503.htm>.
Acesso em: 21 ago. 2017.

____. Lei n. 5.172, de 25 de outubro de 1966. **Diário Oficial da
União**, Poder Legislativo, Brasília, DF, 27 out. 1966. Disponível
em: <http://www.planalto.gov.br/ccivil_03/leis/L5172.htm>.
Acesso em: 21 ago. 2017.

____. Lei n. 6.015, de 31 de dezembro de 1973. **Diário Oficial da
União**, Poder Legislativo, Brasília, DF, 31 dez. 1973. Disponível em:
<http://www.planalto.gov.br/ccivil_03/leis/L6015original.htm>.
Acesso em: 21 ago. 2017.

____. Lei n. 8.906, de 4 de julho 1994. **Diário Oficial da União**, Poder
Legislativo, Brasília, DF, 5 jul. 1994. Disponível em: <http://www.
planalto.gov.br/ccivil_03/leis/L8906.htm>. Acesso em: 21 ago. 2017.

____. Lei n. 10.406, de 10 de janeiro de 2002. **Diário Oficial da União**,
Poder Legislativo, Brasília, DF, 11 jan. 2002. Disponível em: <http://
www.planalto.gov.br/ccivil_03/leis/2002/L10406.htm>. Acesso em:
21 ago. 2017.

BRASIL. Lei Complementar n. 116, de 31 de julho de 2003. **Diário Oficial da União**, Poder Legislativo, Brasília, DF, 1º ago. 2003. Disponível em: <http://www.planalto.gov.br/ccivil_03/leis/LCP/Lcp116.htm>. Acesso em: 21 ago. 2017.

BRASIL. Receita Federal. Instrução Normativa RFB n. 1.420, de 19 de dezembro de 2013. **Diário Oficial da União**, Poder Legislativo, Brasília, DF, 20 dez. 2013. Disponível em: <http://normas.receita.fazenda.gov.br/sijut2consulta/link.action?idAto=48709&visao=anotado>. Acesso em: 22 ago. 2017.

BRINER, B. **Os métodos de administração de Jesus**. Tradução de Milton Azevedo Andrade. São Paulo: Mundo Cristão, 1997. (Coleção Sabedoria e Negócios).

BROWN, M. A. **Gestão de projetos com sucesso**: planejamento eficaz, como controlar o tempo, gestão dos custos, assegurar a qualidade. Lisboa: Presença, 1993.

BRUSTOLIN, L. A. Textos sagrados nas grandes religiões. **Revista Renovação da CNBB Sul 3**, Porto Alegre, n. 357, jul./ago. 2004.

BUENO, G. C. Organize a sua contabilidade. **Instituto Jetro**, 22 set. 2008. Entrevista. Disponível em: <http://www.institutojetro.com/entrevistas/organize%2Da%2Dsua%2Dcontabilidade/>. Acesso em: 22 ago. 2017.

CAMPANHÃ, J. **Planejamento estratégico para igrejas**: como assegurar a qualidade no crescimento de ministérios eclesiásticos. São Paulo: United Press, 2013.

CARVALHO, A. V. de. **Planejando e administrando as atividades da igreja**. São Paulo: Hagnos, 2005. (Série Manual de Administração).

CHIAVENATO, I. **Administração nos novos tempos**. 2. ed. rev. e atual. Rio de Janeiro: Campus/Elsevier, 2004.

_____. **Comportamento organizacional**: a dinâmica do sucesso das organizações. 2. ed. Rio de Janeiro: Campus/Elsevier, 2005.

CHIAVENATO, I. **Introdução à teoria geral da administração**: uma visão abrangente da moderna administração das organizações. 7. ed. rev. e atual. Rio de Janeiro: Campus/Elsevier, 2003.

DIAS, E. de P. Conceitos de gestão e administração: uma revisão crítica. **Revista Eletrônica de Administração – REA**, Franca, v. 1, n. 1, p. 1-12, jul./dez. 2002. Disponível em: <http://periodicos.unifacef.com.br/index.php/rea/article/view/160/16>. Acesso em: 16 ago. 2017.

DRUCKER, P. F. **Administração de organizações sem fins lucrativos**: princípios e práticas. São Paulo: Pioneira, 1994.

____. **Administração**: tarefas, responsabilidades, práticas. São Paulo: Pioneira, 1975. (Biblioteca Pioneira de Administração e Negócios).

____. **Administrando em tempos de grandes mudanças**. São Paulo: Pioneira, 1999.

____. **A nova era da administração**. 2. ed. São Paulo: Pioneira, 1992.

____. **As fronteiras da administração**: onde as decisões do amanhã estão sendo determinadas hoje. São Paulo: Pioneira, 1989.

____. **Sociedade pós-capitalista**. São Paulo: Pioneira, 1993.

DRUCKER, P. F. et al. **As cinco perguntas essenciais que você sempre deverá fazer sobre sua empresa**. Edição eletrônica. Tradução de Marcia Nascentes. Rio de Janeiro: Elsevier, 2011.

EDITORA INTERSABERES (Org.). **Práticas pastorais**. Curitiba: InterSaberes, 2015.

ERICKSON, M. J. **Dicionário popular de teologia**. Tradução de Emirson Justino. São Paulo: Mundo Cristão, 2011.

FACULDADE PRESBITERIANA MACKENZIE. **Missão, visão e valores**. Disponível em: <http://brasilia.mackenzie.br/en/a-faculdade/institucional/missao-mackenzie-rio/>. Acesso em: 28 ago. 2017.

FAYOL, H. **Administração industrial e geral**. 9. ed. São Paulo: Atlas, 1981.

FERGUSON, S. B.; WRIGHT, D. F. **Novo dicionário de teologia.** São Paulo: Hagnos, 2009.

FIGUEIREDO, C. de. **Dicionário aberto.** Lisboa, 2010. Disponível em: <http://dicionario-aberto.net/>. Acesso em: 16 ago. 2017.

FRANCO, H. **Contabilidade geral.** 23. ed. São Paulo: Atlas, 1997.

FRANZATTO, M. Funções-chave da administração na igreja. **Instituto Jetro**, 27 out. 2009. Disponível em: <http://www.institutojetro. com/artigos/administracao-geral/funcoeschave-da-administracao-na-igreja.html>. Acesso em: 31 ago. 2017.

GABASSA, V. C. Diagrama de causa e efeito (diagrama de Ishikawa). **Gestão da Qualidade em Saúde**, 24 out. 2012. Disponível em: <https://valeriagabassa.wordpress.com/2012/10/24/diagrama-de-causa-e-efeito-diagrama-de-ishikawa/>. Acesso em: 30 ago. 2017.

GABY, E. dos S. A administração estratégica da organização eclesiástica com objetivo de atender às demandas do nosso tempo. **Teologia e Espiritualidade**, Curitiba, n. 3, p. 1-23, dez. 2013. Disponível em: <http://www.fatadc.com.br/site/revista/3_edicao/1_artigo.pdf>. Acesso em: 31 ago. 2017.

GABY, E.; GABY, W. **Planejamento e gestão eclesiástica.** Rio de Janeiro: CPAD, 2013.

GARCIA, G. As igrejas e suas obrigações legais. **O direito nosso de cada dia.** Disponível em: <http://www.direitonosso.com.br/as-igrejas-e-suas-obrigacoes-legais-2/>. Acesso em: 31 ago. 2017a.

_____. Gestão jurídico eclesiástica nas igrejas. **Prazer da Palavra.** Disponível em: <http://prazerdapalavra.com.br/colunistas/ gilberto-garcia/16408-gestao-juridico-eclesiastica-nas-igrejas-gilberto-garcia>. Acesso em: 31 ago. 2017b.

GERONE, A. de. As organizações religiosas e o terceiro setor. In: OLIVEIRA, G. J. de. (Coord.). **Direito do terceiro setor.** Belo Horizonte: Fórum, 2008. p. 127-160.

GITMAN, L. J. **Princípios de administração financeira**. Tradução de Jacob Ancelevicz e Francisco José dos Santos Braga. 7. ed. São Paulo: Harbra, 1997.

GRUPO HUNGRIA. Você já ouviu falar sobre o 5W2H? **Hungria Gerenciando Resultados**. 2016. Disponível em: <http://grupohungria.com.br/2016/06/09/voce-ja-ouviu-falar-sobre-o-5w2h/>. Acesso em: 28 ago. 2017.

IGREJA BATISTA JARDIM DA PRATA. **Círculo Ministerial**: onde devo servir? Disponível em: <http://www.jardimdaprata.com/gestaoeclesiatica.html>. Acesso em: 28 set. 2017.

KESSLER, N.; CÂMARA, S. **Administração eclesiástica**. Rio de Janeiro: CPAD, 1987.

KOTLER, P. **Administração de marketing**: análise, planejamento e controle. São Paulo: Atlas, 1975. v. 1.

_____. _____. 2. ed. São Paulo: Atlas, 1992. v. 1.

_____. **Marketing para organizações que não visam o lucro**. São Paulo: Atlas, 1994.

KOTLER, P.; KELLER, K. L. **Administração de marketing**: a bíblia do marketing. 12. ed. Tradução de Mônica Rosenberg, Cláudia Freire e Brasil Ramos Fernandes. São Paulo: Pearson Prentice Hall, 2006.

LIMA, A. de O. Teologia e literatura bíblica: introdução a uma nova teologia bíblica. **Revista Theos**, Campinas, v. 8, n. 1, jul. 2012.

LIMEIRA, A. L. F. et al. **Contabilidade para executivos**. 7. ed. Rio de Janeiro: FGV, 2006. (Série Gestão Empresarial).

LOBATO, D. M. et al. **Estratégia de empresas**. 8. ed. Rio de Janeiro: FGV, 2006. (Série Gestão Empresarial).

LOUW, J. P.; NIDA, E. **Léxico grego-português do Novo Testamento**: baseado em domínios semânticos. Barueri: Sociedade Bíblica do Brasil, 2013.

MACÊDO, I. I. de et al. **Aspectos comportamentais da gestão de pessoas**. 9. ed. rev. e atual. Rio de Janeiro: FGV, 2007. (Série Gestão Empresarial).

MARSHALL JUNIOR, I. et al. **Gestão da qualidade**. 9. ed. Rio de Janeiro: FGV, 2008. (Série Gestão Empresarial).

MARTINS, J. G. **Manual do pastor e da igreja**. Curitiba: AD Santos, 2002.

MARTINS, P. G.; ALT, P. R. C. **Administração de materiais e recursos patrimoniais**. 2. ed. São Paulo: Saraiva, 2006.

MAXWELL, J. C. **As 21 indispensáveis qualidades de um líder**. Tradução de Josué Ribeiro. São Paulo: Mundo Cristão, 2000.

MCGAVRAN, D. A. **Compreendendo o crescimento da igreja**. São Paulo: Sepal, 2001.

MILLER, S. M.; HUBER, R. V. **A Bíblia e sua história**: o surgimento e o impacto da Bíblia. Barueri: Sociedade Bíblica do Brasil, 2006.

MONTEIRO, G. Matriz GUT. **PMG&E**, 26 jun. 2013. Disponível em: <http://pmgee.blogspot.com.br/2013/06/matriz-gut.html>. Acesso em: 30 ago. 2017.

MONTOSA, R. G. A boa gestão de uma igreja. **Instituto Jetro**, 25 set. 2006. Disponível em: <http://www.institutojetro.com/Artigos/administracao-geral/a-boa-gestao-de-uma-igreja.html>. Acesso em: 31 ago. 2017.

NERY JUNIOR, N.; NERY, R. M. de A. **Código Civil comentado**. 8. ed. rev., ampl. e atual. São Paulo: Revista dos Tribunais, 2011.

ODA, O. 5WH de gestão patrimonial. **AfixCode**. 16 ago. 2011. Disponível em: <http://www.afixcode.com.br/5wh-da-gestao-patrimonial/>. Acesso em: 22 ago. 2017.

OLIVEIRA, D. de P. R. de. **Sistemas, organização e métodos**: uma abordagem gerencial. 14. ed. rev. e ampl. São Paulo: Atlas, 2004.

PDCA: uma ferramenta no processo de melhoria contínua para a sua empresa. **Vanderhulst Belt Solutions**, 5 maio 2017. Disponível em: <http://vanderhulst.com.br/blog/2017/05/05/pdca-uma-ferramenta-no-processo-de-melhoria-continua-para-a-sua-empresa/>. Acesso em: 30 ago. 2017.

PEREIRA, F. I. A igreja e a excelência. **Instituto Jetro**, 30 set. 2014. Disponível em: <http://www.institutojetro.com/artigos/lideranca-geral/a-igreja-e-a-excelencia.html>. Acesso em: 31 ago. 2017.

PICCININI, T. A. de A. **Manual prático de direito eclesiástico**. Rio de Janeiro: Saraiva, 2015.

POSICH, L. Bíblia: o livro proeminente da administração. **Administradores**, 19 jul. 2016. Disponível em: <http://www.administradores.com.br/artigos/marketing/biblia-o-livro-proeminente-da-administracao/80386/>. Acesso em: 31 ago. 2017.

PRIMEIRA IGREJA BATISTA DO RECREIO. Disponível em: <http://www.igrejadorecreio.org.br/>. Acesso em: 25 ago. 2017.

ROCHA FILHO, J. B. da; BASSO, N. R. de S.; BORGES, R. M. R. **Transdisciplinaridade**: a natureza íntima da educação científica. Porto Alegre: Edipucrs, 2007.

RUSH, M. **Administração**: uma abordagem bíblica. Tradução de Fausto Roberto Castelo Branco. Belo Horizonte: Betânia, 2005.

SANTOS, G. dos. **Gestão patrimonial**. 4. ed. ampl. e atual. Florianópolis: Secco, 2012.

SCHOLZ, V.; ZIMMER, R. A Bíblia: Sua Natureza, Funções e Finalidade. In: Seb – Sociedade Bíblica do Brasil. **Manual do Seminário de Ciências Bíblicas**. Barueri: Sociedade Bíblica do Brasil, 2013. p. 7-13.

SERTEK, P.; GUINDANI, R. A.; MARTINS, T. S. **Administração e planejamento estratégico**. 3. ed. Curitiba: Ibpex, 2011.

SEVERA, Z. de A. **Manual de teologia sistemática**. Curitiba: AD Santos, 1999.

SROUR, R. H. **Poder, cultura e ética nas organizações**. 8. ed. Rio de Janeiro: Campus, 1998.

STONER, J. A. F.; FREEMAN, R. E. **Administração**. 5. ed. Tradução de Alves Calado. Rio de Janeiro: LTC, 1999.

SWINDOLL, C. R. **Liderança em tempos de crise**: como Neemias motivou seu povo para alcançar uma visão. São Paulo: Mundo Cristão, 2004.

VINE, W. E.; UNGER, M. F.; WHITE JR., W. **Dicionário Vine**: o significado exegético e expositivo das palavras do Antigo e do Novo Testamento. Tradição de Luis Aron de Macedo. Rio de Janeiro: CPAD, 2002.

bibliografia comentada

CAMPANHÃ, J. **Planejamento estratégico para igrejas**: como assegurar a qualidade no crescimento de ministérios eclesiásticos. São Paulo: United Press, 2013.

Nessa obra, Josué Campanhã discute a importância da implantação de um planejamento estratégico para a liderança das igrejas, um tema ainda pouco explorado nesses ambientes. Para o autor, por meio do planejamento estratégico, as igrejas conseguirão alcançar seus objetivos e adquirir maior relevância na missão de anunciar o reino de Deus. Além de apresentar modelos e referenciais sobre planejamento, Campanhã disponibiliza roteiros práticos que podem ajudar os líderes a realizar a gestão de forma estratégica.

CARVALHO, A. V. de. **Planejando e administrando as atividades da igreja**. São Paulo: Hagnos, 2005. (Série Manual de Administração).

Antonio Vieira de Carvalho destaca dois aspectos fundamentais para a gestão de igrejas: planejamento e administração das ações realizadas. O autor introduz o assunto conscientizando pastores e líderes sobre a importância do tema. Posteriormente, de forma dinâmica e prática, ele demonstra como as igrejas podem planejar, organizar, controlar e, finalmente, coordenar todas as atividades que realizam.

FRANZATTO, M. Funções-chave da administração na igreja. **Instituto Jetro**, 27 out. 2009. Disponível em: <http://www.institutojetro. com/artigos/administracao-geral/funcoeschave-da-administracao-na-igreja.html>. Acesso em: 31 ago. 2017.

Discorrendo sobre a importância da administração nas igrejas, Maurício Franzatto destaca que as pessoas e as funções-chave são essenciais para a gestão eclesial. Para o autor, funções departamentais, como a de secretaria e a de tesouraria, bem como funções ministeriais, desenvolvidas pelos ministros, são peças-chave na engrenagem que faz as igrejas avançarem e constituem apoios fundamentais aos líderes.

GARCIA, G. As igrejas e suas obrigações legais. **O direito nosso de cada dia**. Disponível em: <http://www.direitonosso.com.br/as-igrejas-e-suas-obrigacoes-legais-2/>. Acesso em: 31 ago. 2017.

Nesse artigo, Gilberto Garcia indica as obrigações legais baseadas no ordenamento jurídico brasileiro que são relacionadas às igrejas. Pelo fato de elas serem constituídas como organizações sociais legalmente estabelecidas, suas diretorias respondem judicialmente pelos danos causados a seus membros ou a terceiros, independentemente de culpa ou dolo. Garcia comenta alguns aspectos legais aos quais as igrejas devem acatar.

GARCIA, G. Gestão jurídico eclesiástica nas igrejas. **Prazer da Palavra**. Disponível em: <http://prazerdapalavra.com.br/colunistas/gilberto-garcia/16408-gestao-juridico-eclesiastica-nas-igrejas-gilberto-garcia>. Acesso em: 31 ago. 2017.

Dessa vez, Gilberto Garcia aborda a importância de as igrejas prestarem atenção aos aspectos legais a elas relacionados. Por serem pessoas jurídicas de direito privado, há a necessidade de que elas providenciam o devido registro civil de pessoas jurídicas (RCPJ). O autor ainda reforça que, como organizações religiosas sem fins lucrativos ou econômicos, as igrejas devem, obrigatoriamente, realizar lançamentos contábeis idôneos por meio de profissionais especializados em contabilidade eclesiástica e direcionada especificamente para as igrejas.

MONTOSA, R. G. A boa gestão de uma igreja. **Instituto Jetro**, 25 set. 2006. Disponível em: <http://www.institutojetro.com/Artigos/administracao-geral/a-boa-gestao-de-uma-igreja.html>. Acesso em: 31 ago. 2017.

Nesse artigo, Rodolfo Garcia Montosa fundamenta a gestão e como ela se aplica nas igrejas. Com base nisso, o autor descreve princípios essenciais a todo líder cristão que deseja realizar uma boa administração. Para Montosa, esses pressupostos são necessários e devem se encaixar a outros aspectos gerenciais importantes, como visão, recursos humanos e materiais, pensamento sistêmico, aprendizagem e comunicação. Para o autor, uma gestão eficaz é resultado de muito esforço.

PEREIRA, F. I. A igreja e a excelência. **Instituto Jetro**. 30 set. 2014. Disponível em: <http://www.institutojetro.com/artigos/lideranca-geral/a-igreja-e-a-excelencia.html>. Acesso em: 31 ago. 2017.

Filipe Ivo Pereira procura ressaltar um aspecto fundamental no trabalho de qualquer organização – que, nesse caso, aplica-se especificamente às igrejas: a necessidade de desenvolver um trabalho de excelência em tudo o que faz. Diante desse desafio, o autor evidencia alguns aspectos sobre como essas instituições podem alcançar um padrão de qualidade em seus departamentos e ministérios e, por conseguinte, em toda a sua estrutura.

respostas

Capítulo 1

Atividades de autoavaliação

1. a
2. d
3. b
4. c
5. c

Capítulo 2

Atividades de autoavaliação

1. b
2. c
3. a
4. b
5. d

Capítulo 3

Atividades de autoavaliação

1. c
2. d
3. b
4. b
5. a

Capítulo 4

Atividades de autoavaliação

1. b
2. d
3. c
4. a
5. a

Capítulo 5

Atividades de autoavaliação

1. d
2. c
3. a
4. a
5. b

Capítulo 6

Atividades de autoavaliação

1. a
2. b
3. d
4. d
5. c

sobre o autor

Acyr de Gerone Junior é bacharel em Teologia pelo Seminário Teológico Betânia – Semibc (2006) e pela Pontifícia Universidade Católica do Paraná – PUCPR (2008); especialista em Projetos Sociais no Terceiro Setor pela Faculdade Teológica Betânia – Fatebe (2012) e em Ciências da Religião pela Faculdade Entre Rios do Piauí – Faerpi (2011). Possui MBA em Gestão Empresarial pela Fundação Getulio Vargas – FGV (2010) e em Propaganda, Marketing e Comunicação Integrada pela Universidade Estácio de Sá – Unesa (2016); é mestre em Educação pela Universidade Federal do Pará – UFPA (2012); e doutorando em Teologia pela Pontifícia Universidade Católica do Rio de Janeiro – PUC-Rio. É palestrante e autor de livros e artigos sobre teologia, gestão e educação. Atualmente, é secretário regional da Sociedade Bíblica do Brasil (SBB), no Rio de Janeiro.

Impressão:
Novembro/2017